Jürgen Lenssen

Maria zu Ehren

Jürgen Lenssen

MARIA ZU EHREN

Predigten – Hinführungen – Andachten

mit Maiandachten zum Magnifikat
von Engelbert Paulus

echter

Wir danken der »Ständigen Kommission für die Herausgabe der gemeinsamen liturgischen Bücher im deutschen Sprachgebiet«, Liturgisches Institut, Trier, für Abdruckgenehmigung.

CIP-Kurztitelaufnahme der Deutschen Bibliothek

Lenssen, Jürgen:
Maria zu Ehren : Predigten – Hinführungen –
Andachten / Jürgen Lenssen. – Würzburg : Echter,
1987.
ISBN 3-429-01063-2

Mitglied der Verlagsgruppe »engagement«

Umschlaggestaltung: Josef Langhans (Bild: Maria mit Christus.
Romanisches Apsisfresko in Ventaroli, Kampanien, Italien. Foto: Rudolf Langhans)
Gesamtherstellung: Echter Würzburg
Fränkische Gesellschaftsdruckerei und Verlag GmbH
ISBN 3-429-01063-2

Inhalt

Einleitung

Wie jede Frömmigkeitsweise ist auch die Marienverehrung in ihrer Ausformung und in ihren Akzentsetzungen dem Wechsel der Zeit und den jeweiligen theologischen Gewichtigkeiten, in denen die Kirche den Zeitumständen und -erfordernissen zu begegnen bemüht ist, unterworfen. Der Blick auf die geschichtliche Entwicklung marianischer Frömmigkeit macht dies deutlich. Suchte die Kirche immer neu durch die Zeiten nach einer schrift- und traditionsgerechten Weise marianischer Verehrung, so blieben manche Verirrungen doch nicht aus.

Diesen wurde durch das achte Kapitel der dogmatischen Konstitution über die Kirche des II. Vatikanischen Konzils, welches überschrieben ist »Die selige jungfräuliche Gottesmutter Maria im Geheimnis Christi und der Kirche«, und durch das apostolische Mahnschreiben über die Marienverehrung vom 2. Februar 1974 von Papst Paul VI. entgegengetreten. Sowohl die Konzilsväter als auch der Heilige Vater wiesen darin Möglichkeiten und Wege wie Inhalte zeitgemäßer und heutiger Theologie entsprechender Marienverehrung auf. Hinter diesen Bemühungen stand das Bestreben, die Verehrung Mariens durch deren sachgerechte Einordnung in das zentrale Glaubensgeschehen und -leben der Kirche zu fördern. Das päpstliche Schreiben weist sich zudem dadurch aus, daß es vornehmlich die Beziehung von Marienverehrung und Liturgie darlegt. Obwohl und gerade weil das Schreiben Papst Pauls VI. in der kirchlichen Öffentlichkeit auf wenig Resonanz stieß, soll mit dem vorliegenden Werkbuch versucht werden, dieses Mahnschreiben »Marialis cultus« (im Text hat es die Abkürzung MC) in seinen wichtigen Aussagen zu erschließen und in den gottesdienstlichen Gebrauch einfließen zu lassen. Gleiches gilt für das marianische Schlußkapitel der dogmatischen Konstitution über die Kirche »Lumen gentium« (im Text hat sie die Abkürzung LG).

Da die Liturgie »den Gipfel der Weisheit und den Höhepunkt der Religion in sich vereinigt und darum die vornehmste Aufgabe des Gottesvolkes darstellt« (MC Einleitung), die Marienverehrung »in hervorragender Weise zur heiligen Liturgie gehört« (MC Einleitung), erfährt die Marienverehrung eine derartige Gewichtigkeit und eine bis dahin kaum benannte Zuordnung zur Liturgie, daß es allein schon dadurch gerechtfertigt ist, dem Verhältnis von Marienverehrung und Liturgie nachzugehen und die daraus erwachsenden Möglichkeiten für die gemeindliche Feier der Liturgie, für deren Hinführung und Nachbereitung aufzuweisen. Das Ziel der Liturgiekonstitution des II. Vatikanischen Konzils »Sacrosanctum Concilium« (im Text hat sie die Abkürzung SC), die Liturgie zu erneuern und zu bereichern sowie die

Teilnahme der Gläubigen an den göttlichen Geheimnissen fruchtbarer zu gestalten (vgl. SC 1–3, 11, 21, 48), soll hier auch hinsichtlich der Marienverehrung, die der Liturgie zugehörig ist, verfolgt werden.
Nach einer Erörterung der Beziehung von Marienverehrung und Liturgie anhand des Dokumentes »Marialis cultus« werden die geistlichen Impulse des päpstlichen Schreibens für den gottesdienstlichen Gebrauch in der Form von Gebeten, Anrufungen Mariens und Einführungen in die liturgischen Feiern marianischer Feste und Gedenktage dem Leser und Benutzer dieses Buches weitergegeben. Die von Papst Paul VI. hervorgehobenen und empfohlenen marianischen Gebetsformen, Englischer Gruß, Rosenkranz und Magnifikat, werden aufgegriffen und in ihren liturgischen Einsatzmöglichkeiten vorgestellt. Sicherlich werden Wege beschritten, die aufgrund einer großen Anzahl geistlicher und liturgischer Literatur marianischen Inhalts nicht gänzlich neu sind. Was den hier aufgewiesenen Möglichkeiten und Modellen aber zu eigen ist, ist die betonte Einbindung der Verehrung Mariens in die Liturgie der Kirche. Diese Absicht wird auch darin deutlich, daß die vorgestellten Modelle verstärkt auf die liturgischen Texte der Kirche zurückgreifen. So können bestimmte Formen persönlicher oder gemeindlicher marianischer Frömmigkeit zur Liturgie, speziell zur Eucharistiefeier der Kirche hinführen bzw. sie bei den Gläubigen nachklingen lassen.
Dieses Ziel wird auch in den Maiandachten zum Magnifikat von Engelbert Paulus, wissenschaftlicher Mitarbeiter an der Theologischen Fakultät der Katholischen Universität Eichstätt, verfolgt, so daß durch sie der Charakter dieses Buches, ein Werkbuch zur Marienverehrung unter Berücksichtigung ihrer Beziehung zur Liturgie zu sein, nur unterstrichen wird. Es mag für den Leser interessant sein zu wissen, daß die Überlegungen, Modelle und der Abschnitt »Marienverehrung und Liturgie« bei Einkehrtagen und in gemeindlichen Gottesdiensten sowie in der Gemeindepraxis schon verwendet und erprobt worden sind.

Glattbach, im August 1986 *Jürgen Lenssen*

Thesen zur Marienverehrung

1. Die Liturgie ist die Norm jeder Frömmigkeit.

2. Marienverehrung hatte von Anfang an ihren Platz im Kult, in der Liturgie.

3. Der Zusammenhang von Maria und ihrem Sohn wird intensiv erfahrbar in der liturgischen Verehrung der Kirche. Marienverehrung ermöglicht eine Intensivierung der Christusbeziehung und -begegnung.

4. Die Wahrheit über Christus, die Kirche und den Menschen offenbart sich in besonderer Weise in Maria und ihrer Verehrung.

5. Der offizielle Kult der Kirche ist der Nährboden jeglicher Marienverehrung, denn in der Liturgie feiert die Kirche, was sie glaubt.

6. Liturgie und Marienverehrung haben das Leben des Christen zu durchdringen um Christi willen.

7. Marienverehrung nach der Norm der Liturgie ist fortwährend Ausrichtung auf Christus und seine Kirche wie auf das Heilshandeln Gottes.

8. Das II. Vatikanische Konzil setzte auch hinsichtlich marianischer Verehrung einen Prozeß in Gang. Maria wird herausgehoben als Bild der Kirche und Vorbild aller, das uns zur Nachahmung und Nachfolge aufruft.

9. »Das Religiöse ist nicht etwas Gegebenes, sondern ein stets Aufgegebenes«, heißt für die Marienverehrung: Erneuerung im Geist der Konzilskonstitutionen »Lumen gentium« und »Sacrosanctum Concilium« sowie des apostolischen Mahnschreibens »Marialis cultus« zur Marienverehrung von Papst Paul VI.

Marienverehrung und Liturgie*

Den einzelnen Hauptabschnitten dieser Überlegungen sind Texte aus der Liturgie der Kirche vorangestellt, in denen sich der jeweilige Leitgedanke wiederfindet.

Mag auch in den letzten Jahren im Vergleich zur Stagnation davorliegender Zeit ein Aufschwung marianischer Literatur beobachtet werden können, so täuscht das Verlagsangebot doch nicht darüber hinweg, daß das Interesse an Maria spürbar zurückgegangen ist. Nach einer marianischen Hochblüte bis Pius XII. mit vielen Überwucherungen durch liturgische Texte, Andachten und Lieder gehört Maria »im Blick auf Lehre, Kult und Frömmigkeit für einen Großteil Mitteleuropas zu den vergessenen Größen, über die man deshalb auch nicht mehr streitet«.[1] Jedoch lassen sich die marianischen Übertreibungen nicht durch einen Minimalismus bekämpfen, denn dieser »Kollaps«[2], wie er feststellbar ist, läßt viele Glaubensinhalte verblassen, öffnet einen spirituellen Hohlraum, bewirkt »eine fundamentale Krise des geistlichen Lebens«[3].

Krise der Marienverehrung – Verlust der Norm

»Erleuchte uns mit deinem Heiligen Geist, damit wir nach dem Beispiel der seligen Jungfrau Maria dein Wort in unserem Herzen erwägen und bewahren«

Gabengebet Marienmesse V (Meßbuch 893)

»Einer sich immer mehr intensiv steigernden – meistens sicher gutgemeinten – marianischen Frömmigkeit setzte sich ein kritischer liturgischer Geist entgegen.«[4] Das war gewiß eine Notwendigkeit. Jedoch ist es nicht mit Widerstand und Negation getan. Statt Abschaffung, heißt Erneuerung das Gebot der Stunde, um die Gesamtheit des Glaubensgutes zu bewahren. »Wenn der Platz, den Maria einnimmt, seit jeher für das Gleichgewicht des Glaubens wesentlich gewesen war, ist heute die Wiederentdekkung jenes Ortes dringlich wie in nur wenigen anderen Epochen der Kirchengeschichte«[5], um der Krise heilsam begegnen zu können. Wurde sie u.a. auch ausgelöst von »Überspitzungen in der vorkonziliaren marianischen Frömmigkeit, welche bisweilen hart an die Grenze des Aberglaubens heranreichten, namentlich in den nicht selten mehr Wunschträumen als objektiven Geschehnissen entsprungenen, sich häufenden Vorstellungen von Marienerscheinungen«[6], so löst sich der Mensch nunmehr aus dieser ehemals gültigen religiösen Umgebung. Diese Befreiung aus dem Gehäuse erstarrter Formen, die den Menschen mehr an den Rand religiöser Wahrheiten drängten, geschieht »um des Glaubensverständnisses willen, das ihn zu sich selbst und zugleich vor Gott hin bringt«[7]. Statt aber eine neue Erfahrung des Glaubens zu machen, geriet er in einen Freiraum, der sich auch aus dem mittlerweile erfolgten Prozeß der Durchrationalisierung von Glauben und Frömmigkeit wie der Überbetonung des Verstandes in gefährlicher Vereinseitigung zu Lasten des Herzens ergeben hat. Ihm war der Mensch vielfach nicht gewachsen. Eine rationale Theologie und Frömmigkeit in ihrer Breitenwirkung hatte keinen Platz mehr für das Herz und dessen religiösen Ausdruck. Der empfundene Verlust – gerade in der marianischen Frömmigkeit – verursachte eine Enttäuschung im Sinne des Getäuschtseins und damit Abkehr und Flucht in eine vom Verstand abgelöste Frömmigkeit mit dem Ziel, Verlorenes wieder einholen zu können. Da aber das Religiöse nicht nur etwas Gegebenes, sondern ein stets Aufgegebenes ist, trifft der aus den genannten Phänomenen erwachsende Vorwurf mangelnder Erneuerung der Marienverehrung, wenn nicht sogar deren Ablehnung und Bekämpfung, entgegen der Zeitforderung vornehmlich die Theologen und Priester.

Zwar beriefen sich jene oftmals auf das Konzil, jedoch grundlos. Denn in dem Schlußkapitel seiner Kirchenkonstitution »Lumen gentium« band das Konzil die Lehre über Maria in dichter und bedeutsamer Weise in die Ekklesiologie ein, und Papst Paul VI. konnte davon, und von der Liturgiekonstitution ausgehend, ein apostolisches Schreiben zur Marienverehrung »Marialis cultus« vom 2. Februar 1974 verfassen, in dem die Erneuerung von Marienverehrung und Marienfrömmigkeit weisend entfaltet wurde.

Christologische Unsicherheit

Die trotz dieser konziliaren und päpstlichen Aussagen an den Tag gelegte Zurückhaltung vieler Priester und auch – wohl dadurch bedingt – Gläubigen hat wohl nicht nur in Unkenntnis genannter Lehraussagen oder deren Negation, sondern auch darin ihre Gründe: »Als erstes ist wohl eine christologische Unsicherheit zu nennen: Wenn die ewige Gottessohnschaft und damit seine Menschwerdung in Frage gestellt wird und der Name ›Vater‹ im Munde Jesu nicht in einmaliger und ausschließlicher Weise Gott vorbehalten bleibt, verlieren Mariens Gottesmutterschaft und Jungfräulichkeit ihre theologische Grundlage. Ferner gelingt vielen wegen der Unsicherheit bei der Auslegung der Kindheitsgeschichte nicht mehr ein unbeschwerter Zugang zur Gestalt der jungfräulichen Mutter.«[8] Also doch eine tiefe Glaubenskrise, eine Gefahr für die »Lebensfunktion der Kirche«[9], welche die Marienverehrung ist, handelt es sich doch bei dem marianischen Element der katholischen Frömmigkeit »nicht um einen partikularen Sonderbezirk des Glaubens und der Frömmigkeit, sondern um eine Art Prinzip, um eine Grundhaltung, die das ganze Glaubensleben durchdringen soll«[10]. Maria hat für das kirchliche Glaubensleben großes Gewicht als »Exponent für das wahre Menschsein des Sohnes Gottes und ist insofern eine konstitutive Größe innerhalb der Kernwahrheiten des Glaubens«[11]. Statt sich Zurückhaltung aufzuerlegen, ist die Verehrung Mariens »ein pastoralliturgisches Anliegen ersten Ranges«[12], das aus den offiziellen Dokumenten des Lehramtes und vor allem aus den Texten der betenden Kirche erwächst und in seiner Befolgung schöpft. Da es den Anschein hat, »die unterschiedlichen Auffassungen über Maria kommen mehr vom gesellschaftlich-kulturellen Umfeld her als vom Bekenntnis selbst«[13], gilt um so mehr, nachdem vielleicht diese verschiedenen Auffassungen mehr den Anstoß erregen, sich dem Bekenntnis der Kirche zuzuwenden, das immer das Bekenntnis zum rechten Glauben an Christus war. »Dieses Bekenntnis zu Christus ist also die innerste Wahrheit der Marienverehrung«[14], so daß Henry Newman in seinem Vortrag »Marias Verehrung – des Sohnes Ehre« 1849 sagen kann: »Die Privilegien, mit denen die Kirche die gebenedeite Gottesmutter umkleidet, ... stellen sich heraus als zum Wesen des katholischen Glaubens zugehörig und als integrierende Teile der Verehrung Christi.«[15] Der Blick auf Maria und ihre Verehrung führen hin zu Christus und sind ohne ihn undenkbar. Das ist ihre Norm, an der die Marienverehrung zu messen ist. Ebensowenig wie Maria von Christus gelöst werden kann, ist Christus von Maria zu lösen. »Wird Christus künstlich von seiner Mutter oder von seiner Kirche abgelöst, so verliert er in der christlichen Frömmigkeit seine geschichtliche Faßbarkeit, er wird zu etwas Abstraktem.«[16] Mehr noch: Das Geheimnis der Inkarnation wäre ohne die Mutter dauernd gefährdet. Je mehr also die Mutter des Erlösers verehrt wird, ist das wahre Menschsein des Gottessohnes gewahrt.

Die Kirchlichkeit des Verehrenden

Die Forderung: »Es ist nötig, zu Maria zurückzukehren, wenn wir zu jener ›Wahrheit über Jesus Christus‹, ›Wahrheit über die Kirche‹ und ›Wahrheit über den Menschen‹ zurückkehren wollen«[17], heißt dann, Maria nicht aus dem Zusammenhang mit dem ganzen göttlichen Heilswerk zu lösen, vielmehr sie darin zu sehen. Das hat auch für ihre Beziehung zu ihrem Volk Israel Bedeutung. »Ihr vorbehaltloses, tätiges Ja zum Christusgeschehen ist und bleibt ein Ja zu ihrem Volk, ein schöpferisches Ja freilich, das sich nicht von den Grenzen des Überkommenen einengen läßt, dieses vielmehr auf ein Größeres hin öffnet und überschreitet. Aus diesem Exodus erwächst das neue Volk«[18], die Kirche. Von da her ist Maria der Beginn der Kirche, wie sich ebenso im Handeln der Kirche – vornehmlich im liturgischen Handeln – Maria mit ihrem »Fiat« immer neu realisiert. Beide, Maria und die Kirche, sind unlösbar und verwirklichen sich gegenseitig. »Erst die ganze Kirche verwirklicht Maria und gibt in liebender Einheit dieser einzelnen Person ihre ganze Fülle, die sie nicht hat, solange sie für sich allein betrachtet wird.«[19] Erst durch die Kirche in ihrer Verehrung wird Mariens Heilsbedeutung sichtbar. Und um der

Kirche willen muß Maria betrachtet und verehrt werden. Wie der Glaube an die Menschheit Christi eine lebendige Marienverehrung weckt, entscheidet sich an ihr auch die Kirchlichkeit des Verehrenden, denn die Kirche schließt das marianische Geheimnis ein und ist so mit Maria Braut und Leib.[20]

Die Verehrung der Gottesmutter und Jungfrau ist so zugleich auf das Geheimnis Christi bezogen, welches die Kirche in ihrer Liturgie feiert, so daß bis zum Ende der Väterzeit und noch darüber hinaus die Verehrung Mariens »ein integrierender Teil der Liturgie war«[21]. Die Verehrung der Mutter Gottes wurde immer als Gottesdienst verstanden und hatte so ihren Platz im Kult. Maria selbst »ist die Repräsentantin des Lobpreises, den die Kirche Gott aufgrund seiner geschichtlichen Großtaten schuldet«[22]. Wie Maria kultisch verehrt wird, hat sie Anteil an der Liturgie, ist Mitfeiernde, Mitpreisende. Deutlich wird darin, daß sie nicht das letzte Ziel der Verehrung ist. Und wenn sie verehrt wird, ist auch darin Gott, der Großes an ihr getan hat, im Blick. In den Kult, der dem Vater durch Christus im Heiligen Geist (MC n. 25) erwiesen wird, ist das Mariengeheimnis einbezogen. Marienlob ist Gotteslob. Die Liturgie deckt diese Verquickung auf und feiert sie. Da die Liturgie feiert, was die Kirche glaubt, ist sie (nicht nur) für die Marienverehrung, auch für die außerliturgische, die goldene Norm (MC n. 23), maßgebend und objektiv, die heilsgeschichtlichen und heilswirksamen Zusammenhänge ebenso wie die Heilszeit darstellend. In der Liturgie wird der Feiernde in die Heilsgeheimnisse hineingenommen, um sein »Fiat« zu sprechen, gleich Maria, und dann zu empfangen. »Der liturgische Mensch lebt ganz und gar auf Vollendung zu«[23], ist die Summe dieser marianischen Haltung. Von da her stellt sich die Aufgabe, »der Liturgie die Herzenstiefe der Marienfrömmigkeit zu geben und dem Marianischen den großen Atem der liturgischen Überlieferung zu öffnen«[24]. Diese Erneuerung zieht nicht eine Vervielfachung marianischer Feste und liturgischer Frömmigkeitsübungen nach sich, vielmehr wird damit stärker der Blick auf Maria gelenkt, die Wahrheit des Glaubens in kultischer Verehrung wie im natürlichen Leben nachvollzogen. Maria läßt erfahren, was Christus uns bereithält und schenkt. Hans Urs von Balthasar nennt für die liturgische Feier zwei Beispiele: »Welcher Christ weiß, was für ein Opfer es bedeutet, bei der Opferung den Sohn als den Erlöser der Welt dem Vater anzubieten? Wer aber die Opfergebärde Marias betrachtet, erhält eine Ahnung davon, weshalb man trotz aller Einwände die Eucharistiefeier als ein Opfer (nicht Christi allein, sondern auch der Kirche) bezeichnen kann und muß. Und wer von uns empfängt bei der hl. Kommunion den Sohn so vollkommen, wie er sich darbietet? Mit Recht beten wir: ›Schau nicht auf unsere Sünden, sondern auf den Glauben deiner Kirche‹: auf diesen vollkommenen Glaubensakt, der nirgends so ungeteilt war wie in Maria.«[25]

Marienverehrung im Christusbezug der Liturgie

> *»Blicke auf deine Gläubigen, die in dieser Feier der seligen Jungfrau Maria gedenken«*
>
> Gabengebet Marienmesse VII (Meßbuch 895)

Fehlformen und Vernachlässigungen der Marienverehrung führten in der nachkonziliaren Zeit bei manchen religiösen Gruppen zur Flucht in Frömmigkeitsformen, welche in keiner Beziehung mehr zu den Lehraussagen der Kirche standen. (Teils wurde aus diesen extremistischen Positionen auch die Liturgiereform, wenn nicht sogar die Kirche nach ihrer Konzilserneuerung völlig abgelehnt.) Die Ursache verselbständigender Marienverehrung lag im Verlust der kirchlichen Norm. Dieser Mangel führte zu einer Ausblühung unliturgischer, unbiblischer, undogmatischer Frömmigkeitsformen. Diese Beobachtung hat auch für ältere geschichtliche Entwicklungen ihre Gültigkeit: »Nach und nach, vom 6. Jahrhundert an, wurde die Liturgie Sache der Mönche. Sie erlebte auf diesem Gebiet beträchtliche Entwicklungen, verlor aber weithin den Kontakt mit dem Volk, für das sie das naturgemäße Gebetsmilieu war; als Ausgleich entstand in großem Umfang eine Menge von partikularen Andachten und Frömmigkeitsformen, die sich – nicht grundlos – bis ins Unendliche vermehrten. Hier suchte das lebendige Bedürfnis, das die Liturgie nicht mehr befriedigte, seinen Ausdruck. Die Marienverehrung wurde zum Lieblingsplatz dieser Ausgleichsbemühungen, so daß der Ausdruck ›marianische Frömmigkeit‹ schließlich dasselbe bedeutete wie ›partikulare Frömmigkeitsformen‹, und daß in einer guten Anzahl mariologischer Abhandlungen der Abschnitt über den Kult sich darauf beschränkt und darin verschanzt.«[26] Steht hinter dieser Entwicklung die verursachende Klerikalisierung des Gottesdienstes, so müßte nach der Einführung von Landessprache und kulturregional gültiger Zeichensprache in die erneuerte Liturgie heute gerade ein entgegengesetztes Ergebnis erwartet werden können. Während der Zeit der Liturgischen Bewegung, die schon die Grundsätze der Liturgiereform in sich barg, konnte Kardinal Bertram in seinem Bericht an Papst Pius XII. »De ›Actione Liturgica‹ in Dioecesibus Germaniae« vom 10. April 1943[27] zusammenfassend von einer wachsenden Marienverehrung sprechen: »Devotio erga Beatissimam Virginem Mariam non est deminuta, sed hisce ultimis annis crevit«. Sicherlich rückte die Liturgische Bewegung partikulare Frömmigkeitsformen in den Hintergrund zugunsten der Liturgie, um von der Peripherie zur Mitte christlicher Botschaft und Feier zu gelangen. Dennoch schadete dies nicht der Verehrung der Gottesmutter. Auch die durch die Liturgische Bewegung vorangetriebene Sicht der Mutter Gottes im Rahmen der Heilsgeschichte und in ihrem Christusbezug verursachte keine Minderung, wenngleich das Ziel einer Reduzierung der Marienverehrung auf ein Mindestmaß oft als Vorwurf behauptet wird. Daß dieser Minimalismus erst zur Zeit und mit der Liturgiereform einsetzte, erklärt sich also nicht von einer liturgischen Erneuerung her, sondern eher durch eine an Kraft und Sitz verlierende Volksfrömmigkeit. Statt diese der erneuerten Liturgie zuzuordnen und sie so zu prägen in ihren Inhalten, wurde einer Entfremdung – gegen den Geist des Konzils – Vorschub geleistet. Manche Entgleisung und so mancher Auszug aus der (Liturgie der) Kirche wäre vermieden worden, wären beide Ebenen – Liturgie und Volksfrömmigkeit – in lebendiger Bezogenheit unter der Liturgie als Norm, Richtschnur und Maß einander zugeordnet worden. Das dadurch entstandene religiös-emotionale Vakuum mancher Gläubigen verlangt geradezu danach, zu einer lebendigen Marienverehrung als »Vollzug des Glaubens an Gottes Offenbarungswort über Maria«[28] zurückzufinden.

Bewahrung des Christusgeheimnisses

Dabei geht es nicht nur um Maria allein, vielmehr um Christus, war doch dort »das Christusgeheimnis immer am sichersten bewahrt und festgehalten worden, wo es vom Marienglauben eingefaßt und umfangen war, ganz dem ursprünglichsten Glaubensbekenntnis gemäß, in dem das ›incarnatus est‹ vom ›ex Maria Virgine‹ unterfangen war«[29]. Der Zusammenhang von Maria und ihrem Sohn wird intensiv erfahrbar in der liturgischen Verehrung der Kirche. Die Orationen, Hochgebete einschließlich ihrer Präfationen und weiteren liturgischen Texte des Meßbuches legen hierfür Zeugnis ab, wie sie auch das Werk Christi an seiner Mutter, die Vollerlösung durch Christus bezeugen.

Die Verehrung Mariens drängt uns dazu, sie als Leitbild zu nehmen für unseren Glauben, den wir mit ihr in der Liturgie feiern als »festlicher, lobpreisender Empfang des neuen Lebens, Offenheit für seine stets wachsende Einwurzelung und zugleich als eine absolute Grundentscheidung für ihn und deren stets zunehmende Einwurzelung in unseren gesamten Daseinsvollzug«[30]. Diese Erfahrung des Glaubens in der Liturgie als Fest und letzten Grundentscheid, der uns zur Teilnahme am Heilsgeheimnis Christi befähigt, wird uns von Maria in ihrem »Magnifikat« wie in ihrem »Fiat« schon vorgestellt. Besinnen wir uns darauf in der Bereitschaft, ihrem Beispiel in den Grenzen unserer Möglichkeiten zu folgen, erkennen wir in der Verehrung der Gottesmutter jene Bewegung, die schon Maria erfaßte und auch uns zu Christus zieht und im Vater endet[31], die uns »zum Schauen der Herrlichkeit Gottes, zur Gleichgestaltung mit Christus, dem Sieger über Sünde und Tod«[32] führt. Nicht eine Verstärkung isolierter marianischer Akzente und Frömmigkeitsformen läßt uns voranschreiten, sondern die Intensivierung der Christusbeziehung und -begegnung in der Weise, für welche uns in der Verehrung Mariens die Möglichkeit schlechthin gegeben ist. Nachdem »die Phase einer unnötigen Perhorreszierung marianischer Frömmigkeit vorbei«[33] zu sein scheint, eine distanzierte Zurückhaltung aber noch vielerorts gewahrt wird, ist es um der Erneuerung der Kirche willen notwendig, der Verehrung der Jungfrau und Gottesmutter Maria (wieder) ihren ihr zustehenden Platz in Liturgie und Frömmigkeit zu geben, wie er ihr im Konzil unter Wahrung der Tradition der Kirche zugestanden wird.

Marienverehrung nach Liturgie- und Kirchenkonstitution

»Als erste empfing sie von Christus die Herrlichkeit, die uns allen verheißen ist, und wurde zum Urbild der Kirche in ihrer ewigen Vollendung«

Präfation vom 15. August (Meßbuch 750f.)

Aufgrund dessen, daß das II. Vatikanische Konzil sowohl in seiner Kirchenkonstitution (LG n. 67) wie in seiner Liturgiekonstitution nicht allein nur vor falschen Übertreibungen in der Marienverehrung warnte, sondern auch den Blickwinkel änderte, unter dem Liturgie gefeiert wird und damit auch die Marienverehrung unter dem Christusbezug in die Feier der Heilsgeheimnisse eingefügt wird, erwuchs schnell der Vorwurf einer Geringschätzung, sogar einer Verdrängung Mariens, der sich mit der fortschreitenden Erneuerung der Liturgie, mit der Veröffentlichung des neuen Meßbuches und des revidierten Festkalenders noch verschärfte. Der Verlust einer Heimstätte marianischer Frömmigkeit wurde beklagt. Sicherlich wurde vom Konzil ein Prozeß in Gang gesetzt, jedenfalls in positivem Sinn, sowohl die Liturgie, als auch die marianische Frömmigkeit betreffend. Dabei hat sich das Konzil in seiner Kirchenkonstitution an das zweifache Prinzip gehalten, »daß die liturgische Erneuerung keineswegs die privaten Frömmigkeitsübungen aufhebt oder beseitigt, und daß diese nach den Bestätigungen bemessen und eingeschätzt werden müssen, die sie vom Lehramt empfangen haben«[34]. Indem die Lehre von Maria als Schlußkapitel von »Lumen gentium« in die Lehre von der Kirche eingebunden wurde, »wird in Zukunft Maria immer zuerst, wie in alter Tradition, als Bild der Kirche gesehen werden müssen, aber auch als Ersterlöste und Erstvollendete in der Kirche«[35]. Da es in der Liturgie immer um die Feier der Erlösung geht, tritt neben dem Erlöser auch zwangsläufig die Ersterlöste der Kirche in den Vordergrund, die »in der heiligen Kirche nach Christus den höchsten und uns nächsten Platz einnimmt« (LG n. 54). Wie das Gesetz des Glaubens der Maßstab des Betens ist, »wird der Glaube Marias zum Maßstab für ihre Bedeutung«[36] und damit zum Maßstab ihrer Verehrung, die dem genannten liturgischen Gesetz gemäß an den offiziellen liturgischen Kult der Kirche angebunden sein muß.

Damit hat die konziliare Erneuerung die Marienverehrung aber nicht gemindert, sondern aufgewertet[37] und zur Nachahmung des Glaubens und des Gehorsams Marias, durch die sie zum Vorbild aller wurde, aufgerufen, womit die bedingungslose Verknüpfung von Liturgie und Lebensvollzug verdeutlicht wird. Das Streben nach Christusfrömmigkeit findet in Maria seinen Antrieb und seine Vollendung. »In Maria erkennen wir unsere Zukunft. Mit der Kirche sehen wir in ihr das Bild unserer eigenen Zukunft. Maria ist an das Ziel gelangt, dem die Kirche, das ganze heilige Volk der Erlösten, entgegenpilgert. Die Zukunft der Kirche ist in Maria angebrochen.«[38]

Ekklesiologische Sicht Marias

Diese ekklesiologische Sicht Marias schließt selbstredend die christologische mit ein, so daß sich auch von daher die Überschrift des mariologischen achten Kapitels der Kirchenkonstitution »Die selige jungfräuliche Gottesmutter Maria im Geheimnis Christi und der Kirche« erklärt. Dieser heilsgeschichtliche Rahmen – in Mariens Beziehung zu Christus und der Kirche – findet in der Liturgie seinen Niederschlag und ist in ihr »viel deutlicher und entschieden gesicherter als bei der Volksfrömmigkeit oder der privaten Marienverehrung überhaupt«[39]. Der in der Liturgie gefeierte Heilsbund Gottes in Christus mit den Menschen verlangt als »Reaktion« unser bekennendes Ja zu Christus wie dem dreifaltigen Gott, wie es uns Maria vorgesprochen hat, und unseren Dank für unser Erlöstsein, das in Maria schon aufleuchtet und das sie in ihrem »Magnifikat« besingt, welches das Konzil als erstes Fundament der Marienverehrung benennt. In diesen Entscheid Mariens einzutreten, heißt aber zugleich, sich auf die Solidarität mit der Kirche Christi einzulassen und mit ihr zu leben, was wiederum in der liturgischen (Mit-)Feier seinen Ausdruck findet, so daß Papst Paul VI. sie als die »vornehmste Aufgabe des Gottesvolkes« bezeichnen kann, vereinigt sie in sich doch »den Gipfel der Weisheit und den Höhepunkt der Religion« (MC Einleitung). Deshalb bietet nicht zuvorderst eine private Frömmigkeit, sondern der offizielle Kult der Kirche den Nährboden echter Marienverehrung, von dem aus sie dann über den kultischen Bereich hinausgreift, so daß beide Ebenen von ihr durchtränkt werden – ausgehend von der Liturgie – und in ihnen Maria gegenwärtig sein wird. »Sie ist gegenwärtig bei jedem Taufbecken, wo die Glieder des mystischen Leibes im Glauben und in der Kraft des Geistes das göttliche Haupt, Christus, empfangen haben; sie ist gegenwärtig an jedem Altar, wo das Gedenken an die Passion und die Auferstehung gefeiert wird, weil sie beim heilsgeschichtlichen Ereignis des Todes Christi gegenwärtig war, mit ihrem ganzen Sein dem Plan des Vater zustimmend; sie ist gegenwärtig in jedem Abendmahlssaal, wo durch Handauflegung und Salbung den Gläubigen der Geist mitgeteilt wird, weil sie mit Petrus und den übrigen Aposteln, mit der jungen Kirche, bei der Ausgießung des Geistes am Pfingsttag gegenwärtig war«[40], wie Papst Johannes Paul II. in seiner Ansprache zum Angelus am 12. Februar 1984 bekannte.

Das Ziel der Liturgiekonstitution, die Liturgie zu erneuern, zu bereichern und die Teilnahme der Gläubigen an den göttlichen Geheimnissen fruchtbarer zu gestalten (MC Einleitung), beläßt Maria nicht nur ihre einzigartige Stellung, sondern gibt fruchtbare Impulse der Marienverehrung, die pastoralliturgisch aufzugreifen sind, um über die Liturgiereform hinaus auf den päpstlichen Appell in »Marialis cultus« Echo und Antwort zu geben sowie einer »marianischen Eiszeit«[41], die tödlich sein kann für die Weitergabe und Feier des Glaubens in seiner Ganzheit, abwehrend zu begegnen. Ein Blick auf das Meßbuch, Taufritus und Stundengebet sowie auf die Grundordnung des Kirchenjahres soll hierzu Hilfe geben.

Im Meßbuch

Die liturgischen Texte sind darauf hin zu prüfen, welche Aussagen sie über Maria treffen und welche Stellung Maria in der Liturgie der Kirche einnimmt.[42] »Wenn wir die Texte des erneuerten Meßbuches durchsehen, stellen wir fest, daß die großen Themen der Römischen Euchologie: Unbefleckte Empfängnis und Fülle der Gnaden, Muttergotteswürde, unversehrte und fruchtbare Jungfräulichkeit, Tempel des Heiligen Geistes, Mitwirkung im Erlösungswerk des Sohnes, vorbildliche Heiligkeit, hilfreiche Fürbitterin, leibliche Aufnahme in den Himmel, Mutter und Königin und anderes mehr – in vollkommener Übereinstimmung mit der überlieferten Lehre stehen und wie andere in gewisser Beziehung neue Themen ebenso übereinstimmen mit der theologischen Lehrentwicklung unserer Zeit. So zum Beispiel das Thema: Maria – Kirche« (MC n. 11). Diese Beziehung leuchtet auch in einzelnen Präfationen, so zu den Festen am 15. August und am 8. Dezember, wie Orationen auf, so im Schlußgebet des 1. Januars: Maria ist Urbild und Mutter der Kirche.

In der Verehrung der Gottesmutter feiern wir das Opfer des Lobes, um mit ihr Anteil an der Herrlichkeit Christi zu erlangen, der uns durch marianische Nachfolge (»die Bedrängnisse unseres Lebens zu ertragen«) und durch unsere Liebe zur Kirche wie unseren Lebenseinsatz für sie zuteil wird (Orationen und Präfation vom 15. September). Feiern wir Liturgie, so sind wir immer vereint mit Maria. Mit ihr stimmen wir unseren Lobpreis an und unser Gebet (s. Apg 1,14 und AES n. 9). Diese weite und tiefe Entfaltung des Marienbildes in seinen Beziehungen zu Christus, zu seiner Kirche wie zum dreifaltigen Gott, erwachsen aus der Heiligen Schrift und der Tradition der Kirche, geschieht in drei Präfationen zu Muttergottesmessen, in vier Präfationen zu Marienfesten (15. August, 8. September, 15. September und 8. Dezember), in den Präfationen zu den Herrenfesten am 2. Februar und 25. März, in der Präfation zum Advent II. Weiterhin wird sie in der zweiten Sonntagspräfation, in der sechsten Wochentagspräfation und in der Präfation vom hl. Josef genannt. Zudem weist das Meßbuch sechs Marienmessen als Votivmessen und zusätzliche Auswahlorationen bei den sieben Votivmessen sowie in einer Zusammenstellung für eine achte auf. Auch der feierliche Schlußsegen für die Marienfeste muß genannt werden. Allein schon diese summarische Aufzählung läßt im Vergleich zum vorkonziliaren Missale Romanum die erweiterte Fülle erkennen und straft jeden Vorwurf einer Geringschätzung oder gar Verdrängung Mariens durch die Liturgiereform Lüge. Untermauert wird die Feststellung intensiven marianischen Gedenkens im Meßbuch noch dadurch, daß Maria außer in den genannten liturgischen Texten wie an ihren Festen noch in den Orationen vom 17., 19., 20., 23. Dezember, vom 4. Advent, am Fest der Hl. Familie, am 2. Januar, der Wochentagsmesse zur Auswahl – 4. Woche, Samstag mit dem Leitgedanken: Marianisches Leben als Gottesnähe und überdies im feierlichen Schlußsegen bei der Jungfrauenweihe, in der Präfation bei der Ordensprofeß – Ewige Profeß, in der Messe für Verstorbene 14: Für Verwandte, Freunde und Wohltäter genannt wird. Außerdem wird Maria beim Gedenken der hll. Gründer des Servitenordens am 17. Februar, des hl. Cyrill von Alexandrien, 27. Juni und in der Votivmesse vom hl. Josef jeweils in den Tagesgebeten aufgrund deren marianischen Beziehung und Frömmigkeit erwähnt.

Die eucharistischen Hochgebete gedenken der Jungfrau und Gottesmutter Maria in ausdrücklicher Weise. Im alten Römischen Kanon nennt die Kirche Maria zu Beginn der Heiligenliste des Communicantes verehrungsvoll zuerst. In der Präfation des Hochgebets II wie auch in der Anamnese des Hochgebets IV gedenkt die Kirche der Menschwerdung Christi aus der Jungfrau Maria. In den Diptychen der Hochgebete II, III, IV wird Maria im Gegensatz zur pauschalen Nennung der Heiligen namentlich genannt, verbunden mit ihren Ehrentiteln, um so der besonderen Verehrung Ausdruck zu verleihen. Im Deutschen Meßbuch gibt es eine Reihe von Erweiterungen unter Nennung des Festanlasses, im Hochgebet I beim Communicantes, in den Hochgebeten II und III beim Post-Sanctus, welche auch drei Marienfeste nennen und an jenen gesprochen werden: Mariä Empfängnis, Mariä Geburt und Mariä Aufnahme in den Himmel. Bei der Erweiterung »Von Weihnachten bis Neujahr« wird Maria ebenfalls genannt wie auch bei »Verkündigung des Herrn«. Auch hier zeigt sich, »daß im Hochgebet die Verehrung, die die Kirche Maria entgegenbringt, jetzt deutlicher zur Geltung kommt als vordem – gerade auch deshalb, weil die Reform des Hochgebets insgesamt sehr sachgemäß ist«[43]. »Die drei neuen Hochgebete des römischen Ritus wahren den ekklesiologischen Ansatz für die Nennung Marias und der Heiligen, doch formulieren sie den Gedanken der Gemeinschaft mit ihnen eher eschatologisch als im Sinne einer zeitübergreifenden Communio.«[44]

In der Taufliturgie

Aufgrund der Stellung Mariens in der Heilsgeschichte als Mutter des Erlösers und als Urbild der Kirche wird Maria ebenso wie in der Eucharistiefeier bei der Spendung der Taufe in der Taufliturgie genannt. Nicht allein Liebe, Vertrauen und Verehrung zur Mutter des Herrn und seiner Kirche finden hier ihren Ausdruck, sondern hier erstrahlt das Bild Mariens als Ersterlöste in jener Vollendung auf, an der der Getaufte Anteil erhält dank der ihm von Gott geschenkten Gnade und Erwählung, so daß es geradezu zwingend ist, die Tauffeier mit dem »Magnifikat« oder einem anderen marianischen Lobpreis zu beenden, wenn möglich vor einem Marienbild.

Im Stundenbuch

»Auch das neue Brevier oder Stundengebet enthält erhabene Zeugnisse marianischer Frömmigkeit: vor allem in den hymnischen Texten, unter denen keineswegs Perlen der Literatur fehlen, wie etwa das berühmte Gebet zur Mutter Gottes von Dante, das aber in das Stundenbuch für die katholischen Bistümer des deutschen Sprachgebiets nicht übernommen worden ist; ferner in den großen Antiphonen, die das Stundengebet auf innige und eindrückliche Weise abschließen« (MC n. 13) und sich nach dem 13. Jahrhundert endgültig durchgesetzt haben, jeweils der Kirchenjahreszeit zugeordnet. Von diesen vier marianischen Antiphonen ist nur noch »Regina coeli« an die Osterzeit gebunden. Besonders ist aber das »Magnifikat«, das im römischen Ritus seit dem 5. Jahrhundert in der Vesper angestimmt wird, als Einstimmung in den Lobpreis Mariens, als mitsingende Kirche, als Fundament jeglichen kirchlichen Jubels und marianischer Verehrung zu nennen.

In der Grundordnung des Kirchenjahres

»Bei der Feier dieses Jahreskreises der Mysterien Christi verehrt die heilige Kirche mit besonderer Liebe Maria, die selige Gottesgebärerin, die durch ein unzerreißbares Band mit dem Heilswerk ihres Sohnes verbunden ist. In ihr bewundert und preist sie die erhabenste Frucht der Erlösung. In ihr schaut sie wie in einem reinen Bilde mit Freuden an, was sie ganz zu sein wünscht und hofft« (SC 103). Wie Maria unlöslich mit Christus verbunden ist, fügte auch die Revision des Generalkalenders »das Andenken der Mutter Gottes auf bessere Weise und in engerer Verknüpfung in den Jahreskreis der Mysterien ihres Sohnes« (MC n. 2) ein. So gedenkt die Kirche in ihrer Liturgie, der Feier des Todes und der Auferstehung ihres Herrn, immer zugleich jener, die ihn geboren hat. »Diese Konstante liturgischer Marienverehrung wird in den Marienfeiern des Jahreskalenders reich paraphrasiert.«[45]

Mag die Gewohnheit, Marienfeste zu feiern, auch relativ spät anzusetzen sein – erst im 7. Jahrhundert werden im Westen östliche Marienfeste übernommen –, so ist doch die Bedeutung Mariens für die Liturgie weit vorher schon, gleichsam von Anbeginn gegeben, denn immer, wenn die Kirche in ihrer Liturgie auf Christus schaut, hat sie seine Mutter mit im Blick, aus der er geboren wurde. Auf die Menschwerdung Christi aus Maria lassen sich letztlich alle Marienfeste zurückführen, zumindest die ältesten und wichtigsten. In ihnen entfaltet sich die Advents- und Weihnachtsliturgie der Kirche ebenso wie das Paschamysterium, dieses vor allem im Fest »Heimgang Mariens«, dem später genannten »Aufnahme Mariens in den Himmel«. In ihnen feiert die Kirche immer irgendeinen Teilaspekt des einen Heilshandeln Gottes, auf dem die Existenz der Kirche wie das Heil ihrer Glieder gründen. In ihnen leuchtet immer neu unsere Erlösung durch und in Christus auf. Auch darin hat die Verehrung Mariens christologischen, trinitarischen und ekklesiologischen Charakter, wie ihn Papst Paul VI. in seinem Apostolischen Mahnschreiben fordert, womit er zur Besinnung auf das ursprüngliche Wesen der Marienfeste anhält und diesen dreifachen Charakter neu in Erinnerung ruft. Je mehr durch die Grundordnung des Kirchenjahres die Feier des Paschamysteriums als Grundlegung und »roter Faden« des Jahreskreises hervorgehoben wird, je mehr das Heilswerk Christi gefeiert wird (GOK 1. und 4.), um so mehr wird durch ihn, der als wahrer Gott und wahrer Mensch zu unserem Heil gekommen ist, um uns zu erlösen, auf seine Mutter verwiesen, denn von ihr hat er durch den Heiligen Geist Fleisch angenommen und ist Mensch geworden (vgl. Credo).

An den Marienfesten und -gedenktagen entfaltet die Kirche in reichem Maße unter immer neuem Aspekt dieses Heilswerk, in dem Christus und Maria verbunden sind. Neben den Herrenfesten mit besonderem marianischen Bezug (Verkündigung, 25. März, Geburt, 25. Dezember, und Darstellung des Herrn, 2. Februar), neben dem 4. Adventssonntag mit seinem marianischen Gepräge in allen drei Lesejahren und dem Fest der Hl. Familie enthält das Meßbuch vierzehn Marientage einschließlich des Gedenktages der Weihe der Basilika Maria Maggiore am 5. August. Hervorzuheben ist besonders, daß das bürgerliche Jahr mit dem Hochfest der Gottesmutter Maria, dem wohl ältesten römischen Mariengedächtnis, beginnt. Die weiterhin mögliche Votivmesse der Muttergottes am Samstag, mag sie in »Marialis cultus« auch noch so empfohlen sein, entfällt zumeist aufgrund der Vorabendmesse, was angesichts des reichen Angebots von Meßformularen zu bedauern ist.

Marienverehrung nach »Marialis cultus«

»In Gemeinschaft mit ihr feiern wir das Opfer des Lobes« Gabengebet zum 15. September (Meßbuch 775)

Aus der Kirchenkonstitution und der Liturgiekonstitution des II. Vatikanums schöpft Papst Paul VI. in seinem apostolischen Mahnschreiben »Marialis cultus«, das schon mehrfach Erwähnung gefunden hat und noch einmal kurz beleuchtet werden soll, weil es nach allen theologischen Überlegungen auch hinführt zur Umsetzung der Erneuerung der Marienverehrung in die pastoralliturgische Praxis.

In ihm wird auf dem Hintergrund neuwerdender kirchlicher Wirklichkeit, geweckt durch das II. Vatikanische Konzil, eine »geläuterte Marienverehrung«[46] wach. Lehnt der Papst auch einen einseitigen Liturgismus ab – er bindet vielmehr die Marienverehrung in den liturgischen und außerliturgischen Kult der Kirche ein, wobei letzterer sich am Geist der Liturgie zu orientieren hat –, besitzt doch die Liturgie »einen anerkannt normativen Wert für die anderen Formen der Frömmigkeit« (MC n. 1), ist deren wesenhafte Nahrung. Da durch die Liturgie unsere Eingliederung in Christus geschieht, die liturgische Verehrung der Jungfrau und Gottesmutter Maria ein Weg zu Christus ist, hat jede außerliturgische Frömmigkeit und Kultform sich daran auszurichten, ist doch der Auftrag Mariens, uns zu Christus zu führen, der sich uns in der Liturgie sakramental naht, um unser Leben zu erneuern. Der Papst holt die sich im Laufe der Zeit von der Liturgie emanzipiert habenden Verehrungsweisen zurück und bindet sie unter das liturgische Gesetz, unter die Liturgie als »die goldene Regel der christlichen Frömmigkeit« (MC n. 23). Der Fortschritt, den Paul VI. anstrebt, besteht in der Kontinuität altkirchlicher Tradition, durch tieferes Eindringen in das Mariengeheimnis den Heilsplan Gottes zu erkennen und Christus zu erfahren. Damit wirkt er aller Verflachung und allen Verirrungen in der Marienverehrung entgegen, die durch eine recht verstandene Liturgie ihren Boden verlieren.

»Bezeichnend für das Marienlob der Liturgie ist der Vorrang des Logos vor dem Pathos – das heißt, es erschöpft sich niemals im rein Emotionalen«[47], denn darin wird zwar eine Gefühlswallung bewirkt, die aber kaum oder gar keinen Ausfluß auf den Lebensvollzug hat. Demgegenüber verstand die Kirche »seit ihren Ursprüngen unter der Gottesverehrung und unter dem Kult niemals nur etwas, das auf die Feier der Liturgie im sakralen Raum beschränkt blieb; sie sah den kultischen Dienst immer auch als ein Tun an, das auf das ganze Leben des Menschen übergreift. Zum vollkommenen Kult gehört auch dies, daß der Mensch aus dem eigenen Leben eine Opfergabe für Gott macht«[48]. In Maria hat er hierfür das Beispiel und Leitbild. Maria hat sich ihrer selbst enteignet, ihr Leben der Sendung des Sohnes geopfert, der sich seinerseits dem Vater übereignet hat. Allein im Letztgesagten wird die Bewegung ausgesprochen, in die derjenige hineingezogen wird, der sich auf die Feier der Liturgie ganz einläßt im Vorbild Mariens.

»Sowohl für die Liturgie wie für ein spezifisch christliches Daseinsverständnis ... ist es entscheidend, wie sich die Liturgie zum alltäglichen Leben und die Daseinsbewältigung zur Liturgie verhalten.«[49] Diese Wechselbeziehung wird vom Papst genannt. Die Verehrung Mariens wie die Feier der Liturgie und ihres Gedächtnisses darin haben das Leben des Christen zu durchdringen, so daß sein Leben in all seiner Vielschichtigkeit vom Geist der Liturgie bestimmt und erfüllt ist. Hier setzt die Erneuerung an und wird bestärkt durch die Verehrung Mariens, durch eine rechte Marienfrömmigkeit, auf daß der im Schreiben gewünschte Fortschritt ein tatsächliches Fortschreiten des Menschen durch die Jahre und Entscheidungen seines Lebens auf Christus hin ist, wie es im Vorbild Mariens aufleuchtet, so daß wir in marianischer Nachfolge ihrem »Fiat«, ihrem Weg treu zu bleiben haben. Da es aber im menschlichen Leben mit seinen Versuchungen, Irrungen, Kurzsichtigkeiten und Erinnerungsverlusten einer ständigen Mahnung und Rückerinnerung bedarf, die einer Wiederbelebung gleicht, empfiehlt der Papst mit dem »Engel des Herrn« und dem Rosenkranz zwei außerliturgische Übungen, die aber auf die Liturgie bezogen sind und in denen wir des Heilshandelns Gottes gedenken, um daraus Richtlinien für das tägliche Leben zu ziehen (vgl. MC n. 48). Der Rosenkranz bereitet auf die Liturgie vor und läßt sie im Alltag nachklingen.

»Hilf uns, nach dem Beispiel ihres Glaubens und ihrer Liebe so zu leben, daß auch wir dem Werk der Erlösung dienen«

Schlußgebet Marienmesse I (Meßbuch 887)

Da es nunmehr nach »Lumen gentium«, »Sacrosanctum Concilium« und »Marialis cultus« pastorale Sorge sein muß, die volkstümliche Verehrung Mariens nach den Normen der liturgischen Verehrung auszurichten als fortwährende Ausrichtung auf Christus und den heilsgeschichtlichen Zusammenhang zu wahren – wohl in bleibender »Spannung von theologischer Rationalität und gläubiger Affektivität«[50], wobei darin eine Grundschwierigkeit gegeben sein dürfte –, ist es u. a. eine Aufgabe, die Mariologie, wie sie im Konzil und im Apostolischen Mahnschreiben ihren Ausdruck fand, die von da aus im »Gotteslob sich niederschlug, in der aus dem gemeinsamen Gebet- und Gesangbuch ausfließenden Marienverehrung zu entfalten. Diese Notwendigkeit stellt sich von daher, daß in der marianischen Frömmigkeit und ihren Formen jene konziliare Erneuerung kaum Fuß fassen konnte und teils mißtrauisch betrachtet wurde aus der Angst heraus, liebgewonnene Weisen zu verlieren und entheimatet zu werden. Daß damit der Verlust Christi sich anbahnt, belegen manche extremistischen Gruppen, die fernab jeden Christusbezugs einer isolierten, aus dem Heilszusammenhang gerissenen Marienfrömmigkeit frönen.

»Wie der Marienglaube nur Ausfluß der Kraft des Erlösers in seiner ganzen menschlichen Realität und Konkretheit ist, so strömt in der Marienverehrung dieser Fluß gleichsam wieder in seinen Ursprung zurück.«[51] Damit ist die Bewegung jeder marianischen Frömmigkeitsform – auch in ihrer äußeren Gestaltung – gegeben. Deshalb ist eine Marienverehrung, die nur in Maria das mütterliche Element sieht und den mütterlichen Gott außer acht läßt, eine Fehlform, wenn man glaubt, man brauche, »wenn man überhaupt zu Gott vordringen wolle, die Vermittlung und Fürsprache von Zwischenpersonen«[52]. Ebenso hat die Marienverehrung ständig über sich hinauszuweisen auf Gott, den Vater, wie auf den Sohn, in dessen Dienst sich Maria stellte, und auf den Heiligen Geist, ebenso aber auch auf die Kirche. Von daher ist es gerade eine völlige Verkennung Mariens, will man sie von einem extremistischen, traditionalistischen Standort aus gegen die (nachkonziliare) Kirche ausspielen. Sinn jeder Marienverehrung muß es sein – nach ihrem eigenen Vorbild und Leitbild –, die Großtaten Gottes zu preisen und sich auf Christus, auf sein Wort und Werk einzulassen. Von da her findet sich im »Magnifikat« geradezu ein »Programm« jeglicher Marienverehrung, und dieser Lobpreis sollte in den Frömmigkeitsübungen einen zentralen Ort haben.

Maria ist auch darin Bild der Kirche, daß sie den Pilgerweg des Glaubens gegangen ist. Das Konzil spricht von der Kirche als dem pilgernden Gottesvolk. Auf ihrer also Maria folgenden Pilgerschaft gelangt die Kirche »zum Schauen der Herrlichkeit Got-

tes, zur Gleichgestaltung mit Christus, dem Sieger über Sünde und Tod«[53].
Es ist lange Übung der Kirche, Maria mit Titeln zu versehen, die der Heiligen Schrift wie der Glaubenstradition der Kirche entstammen. Diese Ehrenbezeichnungen sollten nicht mißverständlich sein. Nur jene, die vom Lehramt zugelassen und teilweise in der Liturgie verwendet werden, sind zu verwenden, um einer maßlosen Phantasie Einhalt zu gebieten. Daß damit ein »Blühen« nicht eingeschränkt wird, kann mit der Anregung belegt werden, doch einmal nur die Titel der Jungfrau und Gottesmutter aus »Marialis cultus« zu ziehen: Sie ergäben eine theologisch und frömmigkeitsmäßig legitime Litanei mit allen geforderten christologischen, trinitarischen und ekklesiologischen Bezügen marianischer Verehrung.
Die Übung des Rosenkranzes wird vom Papst empfohlen, da er biblisch geprägt, heilsgeschichtlich orientiert, christologisch fundiert und aus dem Geist der Liturgie erwachsen ist. Aufgrund mißverständlichen Gebrauchs während der Eucharistiefeier erfuhr er eine diesbezüglich gerechtfertigte Ablehnung, die aber nach sich zog, daß er oftmals auch außerliturgisch als Gebetsform in Vergessenheit geriet oder gar geschmäht wurde. Hier hat die pastorale Sorge gemäß dem Apostolischen Mahnschreiben anzusetzen, damit der Beter eintreten kann »in jenen Bannkreis göttlichen Wirkens, das sich in Maria verwirklichte und von ihr aus auf uns übergreifen will«[54]. Im Rosenkranz wird jeder Verzerrung verkündeter Wahrheit durch ausgeübte Verehrung entgegengewirkt. Für ihn gilt: »Eine lebendige Verbindung von übernatürlicher Wirklichkeit mit menschlich-natürlichem Leben geschieht da, wo die offenbarte Wirklichkeit in die lebendige, auch erlebte Verehrung und ausgeübte Frömmigkeit genommen wird«[55], wobei diese Aussage nicht auf ihn allein zu beschränken ist, sondern für alle Weisen der Verehrung als ein Richtmaß von jenen zu erheben ist, die hierfür als »gute Hirten« Sorge zu tragen haben.
Dieser letzte Abschnitt der Ausführungen »Marienverehrung und Liturgie« konnte nur beispielhaft außerliturgische Verehrungsweisen nennen, deren Prinzipien aber auf alle anderen anzuwenden sind. Neben der Pflege und Erneuerung liturgischen marianischen Gedenkens bleibt als notwendige und notwendende Forderung, jegliche Marienverehrung in diesem liturgischen Geist zu fördern, auf daß in allem, besonders in ihr, Christus sichtbar werde als unser Erlöser, als unser Heilsgeschenk, geboren aus der Jungfrau und Gottesmutter Maria.

Anmerkungen

* Dieser Aufsatz wurde in einem Seminar von Prof. Dr. habil. Th. Maas-Ewerd, Ordinarius für Liturgiewissenschaft an der Katholischen Universität Eichstätt, der auch die Erstveröffentlichung in dem von ihm redigierten „Klerusblatt" ermöglichte, vorgetragen.
1 B. Albrecht, Kleine Marienkunde, Meitingen–Freising 1979, 92.
2 J. Ratzinger, Zur Lage des Glaubens, München 1985, 105.
3 H.-J. Lauter, Das marianische Prinzip, in: Pastoralblatt für die Diözesen Aachen, Berlin, Essen, Köln, Osnabrück 23 (1971), 245.
4 A. Brandenburg, Eine Marienverkündigung. Das neue Marienbild des Papstes, in: KNA – Ökumenische Informationen Nr. 23 v. 5. 6. 1974, 5.
5 J. Ratzinger, Zur Lage (s. Anm. 2), 106.
6 M. Schmaus, Mariologisches vom II. Vatikanischen Konzil, in: Klerusblatt 53 (1973), 98.

[7] H. Christoffels, Die Religionen zwischen Argwohn und Glaube, in: Baumer u. a., Das Heilige in Licht und Zwielicht (Offene Wege 3), Einsiedeln 1966, 139.
[8] A. Ziegenaus, Die Gestalt Mariens im Glaubensleben der Kirche, in: G. Rovira (Hrsg.), Die Mutter der schönen Liebe, Würzburg 1982, 45.
[9] O. Semmelroth, Wesen und Norm einer rechten Marienverehrung, in: Lebendiges Zeugnis 12 (1957), 27.
[10] H.-J. Lauter, Prinzip (s. Anm. 3), 245.
[11] A. Ziegenaus, Gestalt (s. Anm. 8), 46.
[12] V. Stebler, Maria im neuen Meßbuch, in: Heiliger Dienst 27 (1973), 140.
[13] E. Børresen, Maria in der katholischen Theologie, in: Concilium 19 (1983), 639.
[14] O. Semmelroth, Wesen (s. Anm. 9), 36.
[15] Newman-Arbeitsgemeinschaft der Benediktiner von Weingarten, Gesamtausgabe der Predigten Newmans, IV. Teil, Predigten vor Katholiken und Andersgläubigen, Stuttgart 1964, 386.
[16] H. U. v. Balthasar, Maria in der kirchlichen Lehre und Frömmigkeit, in: Sekretariat der Deutschen Bischofskonferenz (Hrsg.), Maria, die Mutter des Herrn, Bonn 30. April 1979, 54.
[17] J. Ratzinger, Zur Lage (s. Anm. 2), 107.
[18] P.-W. Scheele, Maria in der Gemeinschaft und Geschichte Israels, in: Catholica 29 (1975), 112.
[19] K. Rahner, Maria und das christliche Bild der Frau, in: Stimmen der Zeit 193 (1975), 797.
[20] Vgl. J. Ratzinger, Erwägungen zur Stellung von Mariologie und Marienfrömmigkeit im Ganzen von Glaube und Theologie, in: Sekretariat der Deutschen Bischofskonferenz (Hrsg.), Maria, die Mutter des Herrn, Bonn 30. April 1979, 18.
[21] R. Laurentin, Mutter Jesu – Mutter der Menschen (Werdende Welt Bd. 11), Limburg 1967, 82.
[22] Deutsche Bischofskonferenz (Hrsg.), Katholischer Erwachsenen-Katechismus: Das Glaubensbekenntnis der Kirche, Bonn [2]1985, 168.
[23] B. Häring, Liturgie und christliches Dasein, in: Pastoralblatt für die Diözesen Aachen ... 33 (1981), 198.
[24] J. Ratzinger, Predigt beim Eröffnungsgottesdienst der Frühjahrs-Vollversammlung der Deutschen Bischofskonferenz 1979 in Stapelfeld, in: Sekretariat der Deutschen Bischofskonferenz (Hrsg.), Maria, die Mutter des Herrn, Bonn 30. April 1979, 32.
[25] H. U. v. Balthasar, Maria (s. Anm. 16), 43f.
[26] R. Laurentin, (s. Anm. 21), 82f.
[27] Th. Maas-Ewerd, Die Krise der Liturgischen Bewegung in Deutschland und Österreich (Studien zur Pastoralliturgie Bd. 3), Regensburg 1981, 440, 642.
[28] O. Semmelroth, Wesen (s. Anm. 9), 28.
[29] L. Scheffczyk, Das Mariengeheimnis der katholischen Kirche, in: M. Seybold (Hrsg.), Maria im Glauben der Kirche (Extemporalia Bd. 3), Eichstätt–Wien 1985, 24.
[30] B. Häring, Liturgie (s. Anm. 23), 195.
[31] Vgl. L. Scheffczyk, Neue Impulse zur Marienverehrung, St. Ottilien 1974, 61.
[32] Th. Maas-Ewerd, Besondere Tage im Jahr: Liturgische Betrachtungen, München 1985, 85.
[33] U. Ruh, Wiederkehr Marias?, in: Herder-Korrespondenz 33 (1979), 518.
[34] R. Laurentin, Mutter (s. Anm. 21), 159.
[35] P. Nordhues, Zeitgemäße Marienlehre im Einheitsgesangbuch Gotteslob (EGB), in: Catholica 30 (1976), 69.
[36] W. Beinert, Wandlungen des Marienbildes, in: Klerusblatt 64 (1984), 205.
[37] Vgl. W. v. Arx, Maiandacht – Gradmesser der Marienverehrung?, in: Gottesdienst 8 (1974), 74.
[38] Th. Maas-Ewerd, Besondere Tage (s. Anm. 32), 84.
[39] S. Pauleser, Maria in der Liturgie (Christkönigsheft 10), Miltenberg 1951, 1.
[40] J. Stöhr (Hrsg.), Papst Johannes Paul II. Marianische Texte 1978–1985 (Marianische Schriften des Internationalen mariologischen Arbeitskreises Kevelaer), Bamberg 1985, 526.
[41] B. Albrecht, Marienkunde (s. Anm. 1), 94.
[42] Vgl. J. Pinsk, Maria im Missale Romanum, in: Th. Bogler (Hrsg.), Maria in Liturgie und Lehrwort (Liturgie und Mönchtum 3. F. H. 15), Maria Laach 1954, 58.
[43] B. Kleinheyer, Maria in der Liturgie, in: W. Beinert, H. Petri (Hrsg.), Handbuch der Marienkunde, Regensburg 1984, 412 f.
[44] H.-J. Schulz, Die Stellung Marias in Sakramentenfeier und Stundengebet, in: W. Beinert (Hrsg.), Maria heute ehren, Freiburg [3]1979, 87.
[45] B. Kleinheyer, Maria (s. Anm. 43), 405.
[46] A. Brandenburg, Marienverkündigung (s. Anm. 4), 5.
[47] V. Stebler, Meßbuch (s. Anm. 12), 140.
[48] L. Scheffczyk, Neubelebung der Marienverehrung, in: Klerusblatt 54 (1974), 169.
[49] B. Häring, Liturgie (s. Anm. 23), 194.
[50] J. Ratzinger, Erwägungen (s. Anm. 20), 25.
[51] L. Scheffczyk, Mariengeheimnis (s. Anm. 29), 24.
[52] G. Lohfink, Das Neue Testament und unsere Marienverehrung, in: Lebendige Zelle (1972), 145.
[53] Th. Maas-Ewerd, Besondere Tage (s. Anm. 32), 85.
[54] S. Pauleser, Maria (s. Anm. 39), 16.
[55] O. Semmelroth, Wesen (s. Anm. 9), 28.

Gebete und Anrufungen nach »Marialis cultus«

In seinem apostolischen Mahnschreiben über die Verehrung Mariens »Marialis cultus« beschreibt Paul VI. das Verhältnis von Marienverehrung und Liturgie. Hierbei geht er von den Quellen marianischer Verehrung der Kirche aus und berücksichtigt besonders die Aussagen des II. Vatikanischen Konzils in seiner dogmatischen Konstitution über die Kirche »Lumen gentium« und in seiner Liturgiekonstitution »Sacrosanctum concilium«. Vor allem stellt er sich der Frage nach den Möglichkeiten bibel-, traditions- und zeitgerechter Marienverehrung.

In seinen Aussagen über Maria stattet der Papst sie mit Ehrentiteln aus, die bis dahin in der marianischen Verehrung und Frömmigkeit nicht allgemein bekannt und angenommen waren. Diese Aussagen – teils in Kurzformeln – und Ehrentitel lassen sich inhaltlich bündeln und in Gruppen teilen. Die folgenden Anrufungen geben diese Gruppen wieder. In der Art einer Litanei lassen sie sich für das persönliche wie auch das gemeinschaftliche Gebet einsetzen und verwenden. Gleiches gilt für die Gebete, die den einzelnen Anrufungen vorangestellt und nach »Marialis cultus« formuliert worden sind.

Das Apostolische Mahnschreiben über die Verehrung Mariens wird dadurch als geistliche Quelle für die marianische Frömmigkeit erschlossen und Teil persönlicher und gemeindlicher Gebetsgottesdienste.

Barmherziger Gott, Vater unseres Herrn Jesus Christus, in Liebe gedenken wir der Gottesmutter Maria. In dieser Zuneigung schenkst du uns deine göttliche Gnade, in der wir teilhaftig werden deiner Freundschaft und der Innewohnung des Heiligen Geistes. So läßt du uns dem Bilde deines Sohnes gleichförmig werden, in dessen Geheimnis allein das Geheimnis des Menschen erhellt wird. Wir sagen dir Dank, daß du in Maria verwirklicht hast, was du nach deinem Heilsplan auch uns zudenkst.

(nach MC 57)

Unbefleckte Empfängnis – Du unser Urbild
Bestimmt zur Fülle der ewigen Klugheit
Unbefleckt im Glauben
Seit aller Ewigkeit auserwählt
An Gnade alle Geschöpfe übertreffend
Du Sündenlose
Demütige Magd des Herrn
Überschattet vom Heiligen Geist
Geschmückt mit den Gaben des Heiligen Geistes
Erfüllerin des Willens Gottes
Erfüllt von Glaube, Hoffnung und Liebe
Erste Zeugin der Menschwerdung Christi
Erhabene Mithelferin im Werk der Erlösung
Gefährtin und Gehilfin des Erlösers

Erste und vollkommenste Schülerin Christi
Du gestärkte Schmerzensreiche
Beterin in der Gemeinschaft der Apostel
Aufgenommen in den Himmel
Gleichförmig mit dem auferstandenen Herrn
Erste in der Gemeinschaft der Heiligen.

Heilige Maria, Mutter des Gottessohnes und der Menschen, voll Vertrauen nehmen wir Zuflucht zu dir. Erhöre voll Liebe unsere Bitten und gewähre uns Hilfe in unserer Betrübnis, Krankheit und Sündenlast. Schenke uns Kraft, uns von der Knechtschaft der Sünde zu befreien und die Sünde mit starkem Willen zu meiden, auf daß wir unser Leben in Christus wahrhaft erneuern. (nach MC 57)

Allerseligste Jungfrau – Bitte für uns!
Du unversehrte Jungfräulichkeit
Du fruchtbare Jungfräulichkeit
Hörende Jungfrau
Gehorsame Jungfrau
Glaubende Jungfrau
Getreue Jungfrau
Betende Jungfrau
Demütige Jungfrau
Opfernde Jungfrau
Jungfrau in göttlicher Gnadenfülle
Jungfrau in vorbildlicher Heiligkeit
Helferin und Fürsprecherin
Hilfreiche Fürsprecherin
Gütige Fürsprecherin
Unablässige Fürsprecherin
Allzeit wirksame Fürsprecherin
Vertreterin der Demütigen
Vertreterin der Armen Gottes
Unsere wahre Schwester
Unsere Zuflucht
Trösterin der Betrübten
Heil der Kranken
Zuflucht der Sünder
Unsere mitwirkende Erzieherin
in mütterlicher Liebe
Vollkommene Christin.

Heilige Jungfrau und Gottesmutter Maria, in deinen Lobpreis stimmen wir ein zur Verherrlichung Gottes. Nach deinem Heilsbild wollen wir unser Leben in Einklang mit dem Willen Gottes bringen. Bestärke uns durch deine Hilfe, nach den göttlichen Geboten zu leben, um mit dir in das Himmelreich zu kommen. (nach MC 39)

Wahre Tochter Evas – Bitte für uns!
Neue Eva
Wahre Bundeslade
Lade der Heiligung
Du Einmalige im Volk Gottes
Eigentlicher Tempel Gottes
Tempel des Heiligen Geistes
Halle des Königs
Brautgemach des Wortes

Zelt des Herrn
Sitz der Weisheit
Morgenröte des Heiles
Fülle der Gnade
Geliebte Tochter des Vaters
Heiligkeit in Gehorsam und Leiden
Unterpfand des Heilsplans Gottes
Bestimmt zur Fülle der ewigen Weisheit
Heiligtum des Heiligen Geistes
Wohnung des Heiligen Geistes
Braut des Heiligen Geistes
Hoffnung der Christen
Grund übernatürlicher Hoffnung
Mütterliches Herz
Lehrmeisterin der Frömmigkeit
Neue Frau
Starke Frau
Ideal einer Frau.

Herr Jesus Christus, indem wir auf deine Mutter, die allerseligste Jungfrau Maria, schauen, werden wir erfüllt von Trost, Zuversicht, Hoffnung und Freude. Unsere Stimme wollen wir mit der ihren vereinen, um dich zu loben und dir von Herzen zu danken.

(nach MC 58)

Mutter Gottes – Bitte für uns!
Mutter des Gottessohnes
Mutter des menschgewordenen Wortes
Mutter Christi
Mutter des Herrn
Mutter des Erlösers
Mutter des Hauptes
Mutter des leidenden Gottesknechts
Jungfräuliche Mutter
Liebende Mutter
Geistliche Mutter
Glorreiche Mutter
Mutter der Kirche
Umsichtige Mutter der Kirche
Sorgende Mutter der Kirche
Mutter der Christen
Mutter der Gnade
Mutter der Barmherzigkeit
Mutter der Lebenden
Unsere Mutter
Mutter in Herrlichkeit.

Heilige Maria, Ideal einer Frau, frei und ungezwungen hast du dich auf den Dialog mit Gott eingelassen und deine Zustimmung zum Werk der Erlösung, der Menschwerdung deines Sohnes, gegeben und dich vorbehaltlos der Liebe Gottes geweiht. Als hervorragendste Vertreterin der Demütigen und Armen Gottes hast du Armut und Leiden, Flucht und Verbannung mit unzähligen Menschen geteilt, bereit zum Aufbau der irdischen Gesellschaft und getragen vom Streben nach der ewigen Heimat als glaubwürdige Zeugin der Liebe Christi. Stehe uns bei in unserer Suche nach Gerechtigkeit, in unserem Bemühen um die Unterdrückten und die Bedrängten, denn dann folgen wir deinem Beispiel und sind eingebunden in deine mütterliche Sorge für alle Menschen.

(nach MC 37)

Herrlichstes Vorbild – Wir wollen dir folgen
Vorbild, sich dem Willen Gottes zu unterwerfen
Vorbild, Gottes Wort anzunehmen
Vorbild, Gottes Wort auszuführen
Vorbild jungfräulicher Reinheit
Vorbild gütiger Umsicht
Vorbild wacher Sorge um den Sohn
Vorbild starker und reiner Gottesliebe
Vorbild der Ehrfurcht gegenüber Gott
Vorbild der Dankbarkeit für empfangene Gnade
Vorbild der Heiligkeit
Vorbild des neuen Gottesvolkes
Vorbild opfernder Hingabe
Vorbild in der mit Vertrauen auf Gott bewältigten Armut
Vorbild hochherzigen Gehorsams
Vorbild eifriger Liebe
Vorbild überlegener Weisheit
Vorbild des Glaubens
Vorbild der Tugend
Vorbild der Würde
Vorbild der Frömmigkeit
Vorbild religiösen Eifers
Vorbild der Tapferkeit in der Verbannung
Vorbild der Tapferkeit im Schmerz
Nachahmenswertes Beispiel.

Einführungen und Fürbitten für die liturgischen Feiern marianischer Feste und Gedenktage nach »Lumen gentium« und »Marialis cultus« mit Liedvorschlägen

Wesentliche Aussagen für eine zeitgerechte und heutiger Theologie gemäße Marienverehrung treffen das 8. Kapitel der dogmatischen Konstitution des II. Vatikanischen Konzils über die Kirche »Lumen gentium« und das Apostolische Mahnschreiben Papst Pauls VI. über die Marienverehrung, »Marialis cultus«. Aus beiden Quellen stammen in den folgenden Einführungen für die Eucharistiefeiern an marianischen Fest- und Gedenktagen Gedanken und Auszüge. Hiermit soll auch versucht werden, diese kirchlichen Lehraussagen über Maria und ihre Verehrung den Gläubigen nahezubringen und zu erschließen.

Die Fürbitten greifen die Aussagen der Einführungen und Tageslesungen auf, ebenso die Liedvorschläge. Bei diesen wird trotz unterschiedlicher Strophenauswahl immer nur der Textbeginn der ersten Strophe angegeben, wobei aber die Strophenauswahl zu beachten ist. Bis auf wenige Ausnahmen sind alle Lieder dem interdiözesanen Stammteil des »Gotteslob« entnommen.

Zur Gottesdienstgestaltung sind nur noch die Teile des Ordinariums zu ergänzen und die Texte des Meßbuchs und des Lektionars hinzuzufügen, so daß die Feier marianischer Feste und Gedenktage hilfreich erleichtert wird.

1. Januar

Hochfest der Gottesmutter Maria

Einführung

Heute, am Neujahrstag, feiert die Kirche nach alter römischer Überlieferung »die erhabene Aufgabe Mariens im Heilswerk und ihre einzigartige Würde, die der Mutter Gottes zukommt, durch die wir den Urheber des Heiles empfangen durften. Dieses Hochfest bietet zudem die hochwillkommene Gelegenheit, die Anbetung, die wir dem neugeborenen Friedensfürst schulden, zu wiederholen und aufs neue die Frohbotschaft des Evangeliums zu hören, ferner, gestützt auf die Fürsprache Mariens, von Gott das erhabene Gut des Friedens zu erflehen« (MC n. 5). Heute, am Jahresbeginn, wollen wir uns erneut auf die Anbetung des Friedensfürsten, auf das Hören und Befolgen seines Wortes und auf den Frieden besinnen, der seiner Nachfolge entwächst und uns über den Ablauf der Zeit hinaus vom auferstandenen Herrn verheißen ist.

Um dieses Friedens willen möge der Herr uns Vergebung und Verzeihung unserer Schuld schenken.

Fürbitten

Herr, unser Gott, wir stehen am Beginn eines neuen Jahres und wissen, daß es nur durch dich zu einem Jahr des Heiles werden kann. Darum bitten wir dich:

Lenke alles Tun deiner Kirche darauf hin, daß es der Anbetung des Friedensfürsten, deines Sohnes, diene.

Schenke der ganzen Welt auf die Fürsprache Mariens, der Mutter des neugeborenen Friedensfürsten, den Frieden.

Bewahre alle Unterdrückten und Notleidenden vor der Versuchung, ihr Leid durch Gewalt beenden zu wollen.

Bestärke uns alle im Hören und Befolgen deines Wortes, das in Jesus Mensch geworden und aus Maria geboren ist.

Nimm unsere Verstorbenen und alle, die im begonnenen Jahr zu dir heimkehren, auf in deinen Frieden.

Darum bitten wir dich, Gott, durch Christus, den König aller Zeit.

Liedvorschläge

Zur Eröffnung: Maria, breit den Mantel aus (GL 595, 1. und 4.); Antwortgesang nach der ersten Lesung: Der du die Zeit (GL 157, 1. und 6.); Antwortgesang nach der zweiten Lesung: Tauet Himmel (GL Diözesanteil 2. und 3.); Danksagung: Lobpreiset all zu dieser Zeit (GL 158).

2. Februar

Darstellung des Herrn

Einführung

Beim heutigen Fest »Darstellung des Herrn« handelt es sich »zugleich um ein Gedächtnis des Sohnes und der Mutter; es ist nämlich die Feier eines Heilsgeheimnisses, das Christus bewirkte, dem aber Maria aufs innigste beigesellt wurde als Mutter des leidenden Gottesknechtes, als Vollstreckerin jener Aufgabe, die dem alten Israel eigen war und als Vorbild des neuen Gottesvolkes, das unablässig in seinem Glauben und Hoffen mit Leiden und Verfolgung aller Art geprüft wird (cf Lk 2, 21–35)« (MC n. 7).
Die Prüfungen des Glaubens und der Hoffnung, die uns ebenso nicht erspart bleiben, lassen sich darauf zurückführen, daß der göttliche Sohn Zeichen des Widerspruchs war, ist und bleiben wird und immer wieder zur Entscheidung für oder gegen ihn herausfordert. Wie haben wir uns entschieden? Diese Frage läßt uns zur Besinnung und zum Eingeständnis anregen, daß wir in der Nachfolge Christi, in unserem Glauben oft schwach und unentschieden und deshalb auf das Erbarmen Gottes angewiesen sind.

Fürbitten

Barmherziger Gott, in das Dunkel der Welt hast du deinen Sohn gesandt. Er ist der Morgenstern deines nie endenden Tages. Wir bitten dich:

Bestärke die Kirche in dem Auftrag, deinen Sohn als Zeichen des Widerspruchs zu verkünden, an dem sich die Welt zu entscheiden hat.

Öffne den Regierenden dieser Welt in ihrem Bemühen dafür die Augen, daß sie in deinem Sohn den Maßstab erkennen, an dem sie ihren Weltauftrag messen können.

Steh allen bei, die in ihrem Glauben und in ihrer Hoffnung geprüft werden.

Uns aber, die wir in unserem Glauben oft schwach und unentschieden sind, erneuere nach dem Vorbild des Glaubens, Maria.

Unseren Verstorbenen, die in das Dunkel des Todes zu sinken drohen, erstrahle das österliche Licht deines Sohnes.

Maria hat heute deinen Sohn im Tempel dargestellt, auf daß die Welt ihn wie Simeon erkennen kann. Auf ihn schauend treten wir in seine Nachfolge. Bewahre uns in der Treue zu unserer Berufung. Darum bitten wir dich durch ihn, Christus, das Licht der Welt.

Liedvorschläge

Zur Eröffnung: Sieh, dein Licht (GL 147, 1 ff.); Antwortgesang: Jauchzet ihr Himmel (GL 144, 3. und 4.); Danksagung: Singen wir mit Fröhlichkeit (GL 135, 3. und 4.); weitere geeignete Lieder: Wie schön leuchtet (GL 554, 1. und 4.), O heilger Leib des Herrn (GL 538, 5. bis 7.), Morgenstern der finstern Nacht (GL 555, 1 ff.), Maria, sei gegrüßt (GL 590, 4.).

11. Februar

Gedenktag Unserer Lieben Frau in Lourdes

Einführung

Vom 11. Februar bis 16. Juli 1858 erschien Maria dem Mädchen Bernadette in der Grotte von Lourdes, zu der seitdem unzählige Menschen pilgern, um die Fürsprache und Hilfe Mariens zu erbitten. Hier nimmt in besonderer Weise Gestalt an, was das II. Vatikanische Konzil in seiner Kirchenkonstitution empfiehlt: »Alle Christgläubigen mögen inständig zur Mutter Gottes und Mutter der Menschen flehen, daß sie, die den Anfängen der Kirche mit ihren Gebeten zur Seite stand, auch jetzt, im Himmel über alle Seligen und Engel erhöht, in Gemeinschaft mit allen Heiligen bei ihrem Sohn Fürbitte einlegen möge, bis alle Völkerfamilien, mögen sie den christlichen Ehrennamen tragen oder ihren Erlöser noch nicht kennen, in Friede und Eintracht zum einen Gottesvolk versammelt werden, zur Ehre der heiligsten und ungeteilten Dreifaltigkeit« (LG 69).

Diese Verehrung Mariens geht allein aus dem Glauben hervor, »durch den wir zur Anerkennung der Erhabenheit der Gottesmutter geführt und zur Kinderliebe gegenüber unserer Mutter und zur Nachahmung ihrer Tugenden angetrieben werden« (LG 67).

Die Liebe zur Jungfrau und Gottesmutter Maria schließt also ein, daß wir ihrem Vorbild des Glaubens folgen und ihre Tugenden nachahmen. Wenn wir aber auf unseren Lebensvollzug blicken, erkennen wir, daß wir von dieser Gefolgschaft oft weit entfernt sind. Damit der Glaube, den uns Maria beispielhaft vorgelebt hat, Früchte trägt und bestärkt wird, bitten wir Gott um Vergebung unserer Schuld.

Fürbitten

Allmächtiger Gott, wir blicken auf Maria, das Vorbild des Glaubens, unsere Fürsprecherin, und bitten dich angesichts unserer Schwachheit:

Füge deine Kirche immer neu in Frieden und Eintracht zu einem Gottesvolk zusammen.

Höre auf die Fürbitte Mariens, die sie für alle Völkerfamilien einlegt.

Erbarme dich aller Notleidenden, denen Maria zur Seite steht.

Entzünde in uns die Liebe zu Maria, auf daß wir ihre Tugenden nachahmen.

Laß unsere Verstorbenen mit Maria in deiner Herrlichkeit leben.

Du weißt um unsere Not und Anliegen. Erhöre unsere Bitten auf die Fürsprache Mariens, der Mutter deines Sohnes Jesus Christus, unseres Herrn.

Liedvorschläge

Zur Eröffnung: Maria, dich lieben (GL 594, 1. und 3.); Antwortgesang: Maria, dich lieben (GL 594, 5.); Danksagung: »Mir nach«, spricht Christus (GL 616, 2.); ebenfalls geeignet: Maria, breit den Mantel aus (GL 595, 1 ff.), Salve! Maria, (GL 572, 1 ff.).

25. März

Verkündigung des Herrn

Einführung

Indem die Kirche heute die »Verkündigung des Herrn« feiert, begeht sie zugleich »ein Fest des Herrn und der allerseligsten Jungfrau, das heißt des Logos, der Sohn der Jungfrau wird, und der Jungfrau, die Mutter Gottes wird« (MC n. 6).

Wir feiern »das Gedächtnis des Anfangs der Erlösung und der unauflösbaren Verbindung zwischen der göttlichen und menschlichen Natur, die in der einen Person des göttlichen Wortes existiert. Was aber Maria betrifft, feiern wir das Fest der neuen Eva, der gehorsamen und getreuen Jungfrau, die durch ihr hochherziges Fiat und durch die Mitwirkung des Heiligen Geistes Mutter Gottes und zugleich Mutter aller Lebenden wurde. Indem sie den Mittler in ihrem Schoß empfing, wurde sie die wahre Bundeslade und der eigentliche Tempel Gottes« (MC n. 6).

Damit wir über den Tod hinaus leben und von der verschließenden Sünde Befreiung erfahren können, haben der göttliche Sohn und seine Mutter ihr Ja zu seiner Menschwerdung um unseretwillen gesprochen. In dieser Gewißheit des Glaubens wollen wir auch jetzt um die Zuwendung Gottes und seine Vergebung bitten.

Fürbitten

Barmherziger Vater, um unseres Heiles willen hast du deinen Sohn in die Welt gesandt. Nimm unseren Dank und unsere Bitten an:

Dein Sohn und seine Mutter Maria haben um unseretwillen ihr Ja zur Menschwerdung gesprochen. Weil wir den Lobpreis dieses Heilswirkens oft versäumen, rufen wir: Herr, erbarme dich.

In Maria wurde uns die Mutter Gottes und die Mutter aller Lebenden geschenkt. Weil wir statt dieser unserer Mutter oft weltlichen Idolen anhangen, rufen wir: Herr, erbarme dich.

Alle von verschiedener Not Bedrückten sind hineingenommen in die Menschwerdung Jesu, der ihr Schicksal in seinem Tod teilt. Weil wir in den Notleidenden deinen Sohn oft nicht erkennen, rufen wir: Herr, erbarme dich.

Durch die Menschwerdung deines Sohnes, die der Engel ankündigt, erfahren wir die Befreiung von der verschließenden Sünde. Weil wir das Heilsangebot göttlicher Vergebung oft ausschlagen, rufen wir: Herr, erbarme dich.

Durch ihr Ja haben der göttliche Sohn und Maria die Tür für ein Leben geöffnet, das über den Tod hinaus währt. Weil wir angesichts des Todes oft dieses Geschenk ewigen Lebens nicht bezeugen, rufen wir: Herr, erbarme dich.

Wie Maria zu ihrer Berufung ihr Jawort gesprochen hat, so bestärke auch uns, in deinen Willen einzustimmen, auf daß wir das Heil erlangen durch Christus, unseren Herrn.

Liedvorschläge

Zur Eröffnung: Meerstern, sei gegrüßet (GL 578, 1. bis 3.); Antwortgesang nach der ersten Lesung: Es ist ein Ros entsprungen (GL 132, 2.); Antwortgesang nach der zweiten Lesung: Tauet Himmel (GL Diözesanteil, 4.) oder: Aus hartem Weh (GL 109, 2.); Danksagung: Komm, du Heiland (GL 108, 2. und 3.); andere geeignete Lieder: Das Geheimnis laßt uns künden (GL 544, 2.), Ave Maria (GL 580, 1 ff.), Ave Maria klare (GL 581, 1., 3. und 4.), Ave Maria zart (GL 583, 1. und 2.).

2. Juli

Mariä Heimsuchung

Einführung

Heute feiert die Kirche »die Jungfrau Maria, die in ihrem Schoß den Sohn trägt und Elisabeth aufsucht, um ihr ihren Liebesdienst anzubieten und das Erbarmen des Erlösergottes zu besingen« (MC n. 7).

Unser Blick wird jedoch über die Begegnung Mariens mit Elisabeth hinaus auf die Beziehung der Jungfrau und Gottesmutter zu ihrem göttlichen Sohn gelenkt. »Diese Verbindung der Mutter mit dem Sohn im Heilswerk zeigt sich vom Augenblick der jungfräulichen Empfängnis Christi bis zu seinem Tod; zunächst da Maria, eilends sich aufmachend, um Elisabeth zu besuchen, von dieser wegen

ihres Glaubens an das verheißene Heil seliggepriesen wird und der Vorläufer im Mutterschoß aufjubelte (vgl. Lk 1,41–45)« (LG n. 57).
Der Jubel des heutigen Tages erfüllt auch uns. Durch keine Sünde und Schuld wollen wir ihn trüben. Deshalb bitten wir um Vergebung und Erbarmen.

Fürbitten

Du Gott aller Welt und Zeit, die Jungfrau und Gottesmutter Maria hat dein Wirken an uns Menschen besungen und uns die Zukunft verheißen, die du uns bereiten wirst. Im Blick auf das Kommende bitten wir dich für unsere Zeit:

Laß uns nie verstummen, dein Erbarmen als unser Erlösergott zu besingen.

Laß die Regierenden und die Entwicklung des Weltgeschehens erfüllt sein von deiner Verheißung und Zusage einer neuen Schöpfung.

Laß die Notleidenden in dem Liebesdienst, den Maria Elisabeth erwiesen hat, erkennen, daß die Gottesmutter auch ihnen ihre Hilfe nicht verwehrt.

Laß den Jubel des heutigen Tages durch keine Sünde und Schuld trüben.

Laß unsere Verstorbenen bei dir schon erfahren, worauf wir noch im Einklang des Lobgesangs Mariens hoffen.

Wie du, unser Gott, auf die Niedrigkeit deiner Magd geschaut und sie erwählt hast, so blicke auch auf uns und laß uns teilhaben an der Erlösung durch Christus, unseren Herrn.

Liedvorschläge

Zur Eröffnung: Gruß dir, Mutter (GL 586, 1. und 3.); Antwortgesang nach der alttestamentlichen Lesung: Gruß dir, Mutter (586, 2.); Antwortgesang nach der neutestamentlichen Lesung: Auf dein Wort, Herr (624, 2. und 3.); Danksagung: Den Herren will ich loben (GL 261, 1 ff.); außerdem geeignet: Maria, sei gegrüßt (590, 2.).

Samstag nach dem Herz-Jesu-Fest

Unbeflecktes Herz Mariä

Einführung

Die Kirche gedenkt heute des unbefleckten Herzens Mariens. In diesem Herzen hat Gott dem Heiligen Geist »eine würdige Wohnung bereitet« (Tagesgebet). Maria bewahrte dieses Herzensgut zeit ihres irdischen Lebens. So »sehen wir die Apostel vor dem Pfingsttag ›einmütig im Gebet verharren mit den Frauen und Maria, der Mutter Jesu, und seinen Brüdern‹ (Apg 1,14) und Maria mit ihren Gebeten die Gabe des Geistes erflehen, der sie schon bei der Verkündigung überschattet hatte« (LG n. 59).
Diese Gabe des Geistes möge auch unser Leben durchtränken, auf daß es Zeugnis der ausgegossenen Liebe Gottes sei. Auch unser Herz sei von der Liebe Gottes erfüllt, der in uns Wohnung nehmen

möchte. Statt aber nach dem Vorbild Mariens Gott die Tür unseres Herzens weit zu öffnen, verschließen wir uns ihm durch Sünde und Schuld.

Fürbitten

Barmherziger Gott, durch deinen Geist hast du die Liebe unter uns ausgegossen. Wir bitten dich:

Sammle deine Kirche, daß sie mit Maria und den Aposteln eine fortwährende Gebetsgemeinschaft sei.

Ermutige alle Menschen, daß sie ihre Herzen weit für dich öffnen.

Tröste die Notleidenden mit deiner Zusage, daß sie im Herzen deines Sohnes und seiner Mutter Maria ihren Platz haben.

Durchtränke unser Leben mit deinem Geist, daß wir Zeugnis für deine Liebe geben.

Wende dich unseren Verstorbenen voll Liebe zu, daß sie in deinem Reich leben.

Wie dem Heiligen Geist im Herzen Mariens eine würdige Wohnung bereitet wurde, so schenke auch uns die vergebende Liebe Gottes, die Voraussetzung dafür, daß der Heilige Geist in uns Wohnung nehme durch Christus, unseren Herrn.

Liedvorschläge

Zur Eröffnung: Maria, dich lieben (GL 594, 1. und 2.); Antwortgesang: Laßt uns erfreuen (GL 585, 2. und 5.); Danksagung: Macht hoch die Tür (GL 107, 4. und 5.); außerdem geeignet: Komm, Schöpfer Geist (GL 245, 4. und 5.), Mit Ernst, o Menschenkinder (GL 113, 2.), in Beziehung zum Evangelium: Maria, sei gegrüßt (GL 590, 5.).

16. Juli

Gedenktag Unserer Lieben Frau auf dem Berge Karmel

Einführung

Die Eremiten, die sich im 12. Jahrhundert auf dem Berg Karmel im Heiligen Land niederließen und sich im Laufe der Zeit zu dem beschaulichen Orden der Karmeliten zusammenschlossen, stellten sich unter den besonderen Schutz der seligen Jungfrau Maria. Wie diese Ordensgemeinschaft auf Maria blickt und durch den heutigen Gedenktag zum Ausdruck bringt, so geschieht es auch durch die Kirche als Ganzes. »Nun aber wird die Kirche, indem sie Mariens verborgene Heiligkeit betrachtet und ihre Liebe nachahmt und den Willen des Vaters getreu erfüllt, durch die gläubige Annahme des Wortes Gottes auch selbst Mutter: Durch Predigt und Taufe nämlich gebiert sie die vom Heiligen Geist empfangenen und aus Gott geborenen Kinder zum neuen und unsterblichen Leben. Und sie ist selbst auch Jungfrau, da sie das Treuewort, das sie dem Bräutigam gegeben hat, unversehrt und rein bewahrt und in Nachahmung der Mutter ihres Herrn in der Kraft

des Heiligen Geistes jungfräulich einen unversehrten Glauben, eine feste Hoffnung und eine aufrichtige Liebe bewahrt« (LG n. 64).
In Maria erkennt die Kirche insgesamt und jedes einzelne ihrer Glieder, wozu die Kirche berufen ist. Diese Erkenntnis fordert aber die Gläubigen heraus, gemäß dieser Berufung zu leben.
»Während aber die Kirche in der seligsten Jungfrau schon zur Vollkommenheit gelangt ist, in der sie ohne Makel und Runzel ist (vgl. Eph 5,27), bemühen sich die Christgläubigen noch, die Sünde zu besiegen und in der Heiligkeit zu wachsen. Daher richten sie ihre Augen zur Mutter, die der ganzen Gemeinschaft der Auserwählten als Urbild der Tugenden voranleuchtet« (LG n. 65).
Je mehr wir Maria betrachten, desto tiefer dringen wir in das Geheimnis der Menschwerdung ihres göttlichen Sohnes, in das Geheimnis der Kirche und so auch in das Geheimnis unserer Erlösung und Zukunft ein. Um dieser Erlösung und Zukunft willen, an der wir teilhaben können und wollen, möge uns Gott kraft seiner Gnade und unseres Schuldbekenntnisses Erbarmen und Vergebung schenken.

Fürbitten

Allmächtiger Gott, deine Allmacht und Liebe erblikken wir in Maria, unter deren Schutz wir uns stellen wollen, um ihr nachzueifern und so deinen Willen zu tun. Wir bitten dich:

Öffne unsere Augen und Herzen, damit wir in Maria erkennen, wozu die Kirche berufen ist.

Laß die Regierenden in ihrer Aufgabe für das Wohl der Menschen den Tugenden nacheifern, deren Urbild Maria ist.

Allen Bedrückten und Niedergeschlagenen, Hoffnungslosen und Verzweifelten stehe mit deiner Zusage bei, daß sie an einer Zukunft teilhaben, die uns in Maria schon aufstrahlt.

Bestärke uns in dem Willen, dem Dank für unsere Berufung als deine Gemeinde dadurch Ausdruck zu verleihen, daß wir getreu dieser Berufung leben.

Was uns jetzt noch Geheimnis ist, unsere Erlösung und Zukunft, sei unseren Verstorbenen schon erfahrbare und gelebte Wirklichkeit.

Erhöre unsere Bitten, gütiger Gott, damit wir die Sünde besiegen und in der Heiligkeit wachsen durch Christus, unseren Herrn.

Liedvorschläge

Zur Eröffnung: Maria, Mutter unsres Herrn (GL 577, 1., 2. und 4.); Antwortgesang: Gott, heilger Schöpfer (GL 116, 3. und 4.); Danksagung: Eine große Stadt ersteht (GL 642, 1. und 2.); außerdem geeignet: Maria, Himmelskönigin (GL 579).

5. August

Weihe der Basilika Maria Maggiore in Rom

Einführung

Nachdem das Konzil zu Ephesus 431 die Gottesmutterschaft Mariens lehramtlich verkündete, weihte Papst Xystus III. die von Papst Liberius auf dem Esquilin in Rom erbaute Basilika der Gottesmutter. Dieser Weihe gedenkt heute die Kirche und ehrt damit zugleich die Gottesgebärerin. »Schon seit ältester Zeit wird die selige Jungfrau unter dem Titel der ›Gottesgebärerin‹ verehrt, unter deren Schutz die Gläubigen in allen ihren Gefahren und Nöten bittend Zuflucht nehmen. Vor allem seit der Synode von Ephesus ist die Verehrung des Gottesvolkes gegenüber Maria wunderbar gewachsen in Verehrung und Liebe, in Anrufung und Nachahmung, gemäß ihren eigenen prophetischen Worten: ›Selig werden mich preisen alle Geschlechter, da mir Großes getan hat, der da mächtig ist‹ (Lk 1,48)« (LG n. 66).

Die Verehrung Mariens zielt aber auf den menschgewordenen Sohn Gottes ab und will »bewirken, daß in der Ehrung der Mutter der Sohn, um dessentwillen alles ist (vgl. Kol 1,15–16) und in dem nach Gottes Wohlgefallen alle Fülle wohnt (Kol 1,19), richtig erkannt, geliebt, verherrlicht wird und seine Gebote beobachtet werden« (LG n. 66).

Die Verehrung Mariens und die treue Nachfolge Christi bedingen sich also. Dieser Zusammenhang stellt an uns, die wir heute der Gottesmutter gedenken, die Frage, inwieweit wir ihrem Sohn nachfolgen und seine Gebote beobachten. Denn nur daran können wir unsere Liebe zu Maria messen. Je mehr wir dahingehend unser Gewissen erforschen, gestehen wir Gott und uns selbst unser Versagen und unsere Schuld ein.

Fürbitten

Gott, unser Vater, indem wir Maria ehren, verherrlichen wir deinen Sohn, der uns geboten hat, dich zu bitten:

Bereite der Verkündigung der Kirche, daß die Verehrung Mariens allein in der Erkenntnis, der Verherrlichung, der Nachfolge Christi, deines Sohnes, ihren Platz hat, fruchtbaren Boden.

Erwecke die Regierenden für die Einsicht, daß das Heil der ganzen Welt allein in der Befolgung der Gebote Christi errungen werden kann.

Ermutige alle Notleidenden, bei dir und der Jungfrau und Gottesmutter Maria Zuflucht zu nehmen und sich ihrer Fürsprache anzuvertrauen.

Schenke uns die Gnade, in der Verehrung der Gottesgebärerin zu wachsen, damit unsere Liebe zu deinem Sohn zunehme.

Erfülle unseren Verstorbenen die Bitte um das ewige Leben, mit der sie zeit ihres Lebens die Fürsprache Mariens angerufen haben.

Außer den vielen Orten auf der Erde, an denen wir dich und die Mutter deines Sohnes verehren und verherrlichen, sei vor allem unser Herz die Stätte der

Liebe zu dir, zu Maria und zu Christus, ihrem Sohn und deinem Sohn, unserem Herrn.

Liedvorschläge

Zur Eröffnung: O Maria, sei gegrüßt (GL 582, 1 ff.); Antwortgesang: Ein Haus voll Glorie (GL 639, 2.) oder: Wachet auf (GL 110, 3.) oder: Eine große Stadt ersteht (GL 642, 1. und 2.); Danksagung: Wohl denen, die da wandeln (GL 614, 1. und 2.).

15. August

Mariä Aufnahme in den Himmel

Einführung

Das heutige Fest schlägt den großen Bogen von der unbefleckten Empfängnis Mariens zu ihrer Aufnahme in den Himmel. Gott hat an ihr vor ihrer Geburt und nach ihrem Tod gehandelt. Das Zeitmaß irdischen Lebens zwischen Geburt und Tod wird gesprengt. Die unbefleckte Jungfrau wurde, »von jedem Makel der Erbsünde unversehrt bewahrt, nach Vollendung des irdischen Lebenslaufs mit Leib und Seele in die himmlische Herrlichkeit aufgenommen und als Königin des Alls vom Herrn erhöht, um vollkommener ihrem Sohn gleichgestaltet zu sein, dem Herrn der Herren (vgl. Apk 19,16) und dem Sieger über Sünde und Tod« (LG n. 59).

Heute feiern wir »das Fest ihrer Bestimmung zur Fülle der ewigen Seligkeit, der Verherrlichung ihrer unbefleckten Seele und ihres jungfräulichen Leibes, ihrer vollendeten Gleichförmigkeit mit dem auferstandenen Herrn; ein Fest, das der Kirche und der ganzen Menschheit ein Bild und Dokument vor Augen stellt, wodurch wir auf tröstliche Weise belehrt werden, daß unsere letzte und tiefste Sehnsucht erfüllt wird. Denn die kommende Verherrlichung ist das glückliche Los aller, die Christus zu seinen Brüdern gemacht hat, da er mit ihnen Fleisch und Blut gemeinsam hat (Hebr 2,14; cf Gal 4,4)« (MC n. 6). Uns wird am heutigen Tag der Blick in unsere Zukunft geschenkt. Was an Maria vorweggenommen wurde, haben auch wir zu erwarten, wenn wir uns als Brüder Christi erweisen. Da Sünde und Schuld dieser geforderten Lebensbeziehung entgegenstehen, erbitten wir Vergebung und Erbarmen.

Fürbitten

Barmherziger Gott, mächtig und groß hast du an Maria gehandelt und uns in ihrer Aufnahme in den Himmel unsere Zukunft zeichenhaft vor Augen gestellt. Wir preisen und bitten dich:

Für die Kirche: Sie lasse nicht ab, einer zerrissenen und oft verworrenen Welt die Botschaft der ihr von dir zugedachten Zukunft zu verkünden.

Für die Regierenden und alle Menschen: Sie mögen die Bemessenheit ihres Tuns eingestehen und in Maria die Königin des Alls erkennen.

Für die von verschiedener Not Bedrückten: Sie

mögen im heutigen Festgeheimnis erblicken und erfahren, daß ihre letzten und tiefsten Sehnsüchte erfüllt werden.

Für unsere Gemeinde: Über alle Grenzen hinweg laß uns um der heute verheißenen Zukunft willen einander als Brüder Christi erweisen.

Für unsere Verstorbenen: Nimm sie wie Maria auf in deinen Himmel.

Vergib, Gott des Erbarmens, unsere Schuld und bestärke uns nach dem Vorbild Mariens in der Gefolgschaft deines Sohnes, damit wir mit ihm auferstehen und ihm gleichförmig werden, dem Sieger über Sünde und Tod, unserem auferstandenen Herrn.

Liedvorschläge

Zur Eröffnung: Maria, sei gegrüßt (GL 592, 4.); Antwortgesang nach der ersten Lesung: Sagt an, wer ist doch diese (GL 588, 1 ff.); Antwortgesang nach der zweiten Lesung: Das ist der Tag (GL 220, 3. und 4.); Danksagung: Maria aufgenommen ist (GL 587, 1 ff.); außerdem geeignet: Königin im Himmelreich (GL 593, 4.), Maria, dich lieben (GL 594, 6.), Freu dich (GL 576, 1. und 4.).

22. August

Maria Königin

Einführung

Vor acht Tagen haben wir das Fest der Aufnahme Mariens in den Himmel gefeiert. Gleichsam als dessen Verlängerung begeht die Kirche heute den Gedenktag der Königin Maria, »wo sie an der Seite des Königs aller Zeiten glänzend in Erscheinung tritt als Königin und für uns eintritt als Mutter« (MC n. 6). So wenden wir uns ihr zu und blicken zu ihr auf. »Wie die Mutter Jesu, im Himmel schon mit Leib und Seele verherrlicht, Bild und Anbeginn der in der kommenden Weltzeit zu vollendenden Kirche ist, so leuchtet sie auch hier auf Erden in der Zwischenzeit bis zur Ankunft des Tages des Herrn (vgl. 2 Petr 3,10) als Zeichen der sicheren Hoffnung und des Trostes dem wandernden Gottesvolk voran« (LG n. 68).

Dieses Zeichen vor Augen, versuchen wir, durch unsere Zeit dem Herrn entgegenzugehen. Was an Sünde und Schuld uns daran hindert, möge der Herr in seiner vergebenden Liebe uns auf die Fürsprache seiner Mutter verzeihen.

Fürbitten

Herr und Gott, indem du die Jungfrau und Gottesmutter Maria in den Himmel aufgenommen hast, hast du sie mit der Krone des ewigen Lebens gekrönt. So ist sie Königin der Herrlichkeit. Wir tragen dir unsere Bitten vor:

Bestärke deine Kirche im Lobpreis Mariens, in der die Kirche den Anbeginn ihrer Vollendung in der kommenden Weltzeit erblickt.

Bestärke die Menschen der ganzen Welt, ungeachtet aller Verunsicherungen, in Maria das Zeichen der sicheren Hoffnung zu schauen.

Bestärke alle, die unter der Last des Lebens leiden, ihren Trost in Maria zu suchen und zu finden.

Bestärke uns als deine Gemeinde in dem Willen, durch die Zeit deinem Sohn entgegenzugehen.

Bestärke alle, die am Tod ihrer Lieben zu verzweifeln drohen, durch die Gewißheit der Auferstehung, der Maria schon teilhaftig wurde.

Guter Gott, dein ist die Herrschaft, dir gebührt unser Dienst, der uns Anteil gibt an der Auferstehung, die Maria schon geschenkt wurde durch Christus, unseren Herrn.

Liedvorschläge

Zur Eröffnung: Gegrüßet seist du, Königin (GL 573, 1. und 2.); Antwortgesang: Sieh, dein Licht will kommen (GL 147, 1 ff.) oder: Gelobet seist du (GL 130, 3. und 4.); Danksagung: Wie schön leuchtet der Morgenstern (GL 554, 1. und 2.); außerdem geeignet: Salve! Maria, Königin (GL 572, 1. und 3.), Maria, Himmelskönigin (GL 579, 1. und 2.), Maria, sei gegrüßt (GL 592, 5.), Königin im Himmelreich (GL 593, 5.).

8. September

Mariä Geburt

Einführung

»Das Fest Mariä Geburt, die aller Welt Hoffnung brachte als Morgenröte des Heiles« (MC n. 7), läßt uns zurückblicken auf die Geschichte Gottes mit den Menschen zu deren Heil. »Die Bücher des Alten Testamentes beschreiben die Heilsgeschichte, durch die die Ankunft Christi in der Welt in langsamem Voranschreiten vorbereitet wird. Diese ersten Dokumente, so wie sie in der Kirche gelesen und im Licht der weiteren und vollen Offenbarung verstanden werden, bieten Schritt für Schritt deutlicher die Gestalt der Frau dar, der Mutter des Erlösers. Sie ist in diesem Licht schon prophetisch in der Verheißung vom Sieg über die Schlange, die den in die Sünde gefallenen Stammeltern gegeben wurde (vgl. Gn 3,15), schattenhaft angedeutet. Ähnlich bedeutet sie die Jungfrau, die empfangen und einen Sohn gebären wird, dessen Namen Emmanuel heißen wird (vgl. Jes 7,14; Mich 5,2–3; Mt 1,22–23). Sie ragte unter den Demütigen und Armen hervor, die das Heil mit Vertrauen von ihm erhoffen und empfangen. Mit ihr als der erhabenen Tochter Sion ist schließlich nach langer Erwartung der Verheißung die Zeit erfüllt« (LG n. 55).

Der Sohn Gottes nahm aus ihr, wie wir im Glaubensbekenntnis bezeugen, Menschennatur an, um durch seine Menschwerdung uns von der Sünde zu befreien. Für diese Erlösung dankend, wollen wir und dürfen wir – eingedenk göttlichen Heilswillens – auch jetzt um die Vergebung unserer Sünden und unserer Schuld bitten.

Fürbitten

Ewiger Gott, durch alle Zeiten hast du uns das Heil zugedacht. Darum wissend, bitten wir dich:

Für die Kirche und ihre Verkündigung: Alle Menschen, die nach ihrem Heil und den Zielen ihres Lebens suchen und fragen, mögen auf die Botschaft hören, daß in deinem Sohn der Welt die Erlösung und die Erfüllung der Zeit geschenkt ist.

Für alle Menschen, die die Geschicke der Welt zu lenken versuchen: Schenke ihnen die Erkenntnis, daß die Entwicklung der Welt allein dann zur Heilsgeschichte wird, wenn sie sich von deinen Geboten leiten lassen.

Für alle, die in ihrer Not nach Solidarität und Hilfe Ausschau halten: Im Blick auf Maria, die unter den Demütigen und Armen hervorragt, mögen sie ihr Heil im Vertrauen auf Christus und von ihm erhoffen und empfangen.

Für unsere Gemeinde: Erschließe uns den Sinn und das Ziel deiner Heilsgeschichte mit uns, damit wir deine Weisheit und Güte bezeugen.

Für unsere Verstorbenen: Ihr Weg durch den Tod führe unter dem Glanz des österlichen Morgensterns, Christus, der uns durch Maria, die Morgenröte des Heiles, aufgegangen ist, in das Reich deines Lichtes.

Wir danken dir, guter Gott, daß mit der Geburt Mariens, die du dir von Anbeginn erwählt hast, die Zeit des Heiles ihren Anfang nahm, die erfüllt wurde in Christus Jesus, unserem Herrn.

Liedvorschläge

Zur Eröffnung: Gruß dir, Mutter (GL 586, 4.); Antwortgesang nach der alttestamentlichen Lesung: Komm, du Heiland aller Welt (GL 108, 2. und 3.) oder: Herr, send herab uns (GL 112, 4., 8. und 9.); Antwortgesang nach der neutestamentlichen Lesung: Ave Maria klare (GL 581, 1. und 2.); Danksagung: Solang es Menschen gibt (GL 300, 4. und 5.) oder: Dreifaltiger verborgner Gott (GL 279, 2. und 4.) oder: Nun singt ein neues Lied (GL 262, 3.) oder: Nun saget Dank (GL 269, 3. und 4.).

12. September
Mariä Namen

Einführung

Am heutigen Tag »Mariä Namen« erinnert sich die Kirche des Sieges der christlichen Heere über die Türken bei Wien im Jahre 1683. Jedoch steht nicht so sehr der weltgeschichtliche Anlaß dieses Tages im Vordergrund, sondern der heilsgeschichtliche. Maria wird immer neu als unsere Fürsprecherin er-

fahren. Wie während ihres irdischen Lebens, so fährt Maria auch nach ihrer Aufnahme in den Himmel fort, »uns die Gaben des ewigen Heils zu erwirken. In ihrer mütterlichen Liebe trägt sie Sorge für die Brüder ihres Sohnes, die noch auf der Pilgerschaft sind und in Gefahren und Bedrängnissen weilen, bis sie zum seligen Vaterland gelangen. Deshalb wird die selige Jungfrau in der Kirche unter dem Titel der Fürsprecherin, der Helferin, des Beistandes und der Mittlerin angerufen« (LG n. 62).
Durch Maria wirkt ihr göttlicher Sohn an uns und zu unserem Heil. Deshalb legt die Kirche den Gläubigen ans Herz, die Fürsprache Mariens zu erbitten, »damit sie unter diesem mütterlichen Schutz dem Mittler und Erlöser innerlicher anhangen« (LG n. 62).
Dankbar für den göttlichen Beistand wie die mütterliche Hilfe erfahren wir unsere Begrenztheit und Ohnmacht und erkennen, daß wir auf das Heilswirken Gottes angewiesen sind. Dies gilt besonders für das Bekenntnis unserer Schuld.

Fürbitten

Barmherziger Gott, dein göttlicher Sohn wirkt durch Maria an uns dein Heil. So rufen wir dich und die Gottesgebärerin an und bitten:

Wir rufen Maria als unsere Mittlerin an. Bewahre uns in der Dankbarkeit für die der Kirche geschenkten Gaben ewigen Heiles.

Wir rufen Maria als unseren Beistand an. Stehe den Regierenden in ihrem Bemühen um Gerechtigkeit und Freiheit und Frieden bei.

Wir rufen Maria als unsere Helferin an. Lindere die Not der Leidenden durch deine Hilfe.

Wir rufen Maria als unsere Fürsprecherin an. Erhöre unsere Bitten, die wir dir jetzt und immer wieder als deine Gemeinde vortragen.

Angewiesen auf dein Heilswirken, gütiger Gott, erbitten wir unter Fürsprache Mariens deine Zuwendung und Hilfe durch Christus, unseren Herrn.

Liedvorschläge

Zur Eröffnung: Meerstern, sei gegrüßet (GL 578, 1. und 2.); Antwortgesang: Gruß dir, Mutter (GL 586, 3. und 4.); Danksagung: O lieber Jesu (GL 550, 4. bis 6.) oder: Schönster Herr Jesu (GL 551, 1., 2. und 5.); auch geeignet: Tag an Glanz (GL 137, 2. und 3.).

15. September

Gedächtnis der Schmerzen Mariens

Einführung

Der heutige Gedenktag der Schmerzen Mariens bietet den Anlaß, »den wichtigsten und entscheidendsten Augenblick der Heilsgeschichte lebhaft in Erinnerung zu rufen und zugleich Maria zu verehren, die mit ihrem Sohne litt, bei dem sie stand, als er am Kreuz erhöht war« (MC n. 7).

Indem Maria »mit ihrem am Kreuz sterbenden Sohn litt, hat sie beim Werk des Erlösers in durchaus einzigartiger Weise in Gehorsam, Glaube, Hoffnung und brennender Liebe mitgewirkt zur Wiederherstellung des übernatürlichen Lebens der Seelen« (LG n. 61).

Obwohl der Vater nicht davor zurückscheute, seinen Sohn in das Opfer des Kreuzes zu geben, um uns zu erlösen, obwohl Maria als dessen Mutter alle Schmerzen um dieser Erlösung willen auf sich nahm und ertrug, lassen wir dennoch nicht vom Weg der Sünde ab. Deshalb möge sich Gott unser erbarmen und uns der am Kreuz errungenen Erlösung teilhaftig werden lassen durch die Vergebung unserer Schuld, die wir erbitten.

Fürbitten

Getreuer Gott, um deinen Heilsplan um unseretwillen zu verfolgen und zu erfüllen, hast du nicht davor gescheut, deinen Sohn dem Kreuz zu übergeben, damit er am Kreuz den Tod besiege. Im Angesicht des Kreuzes, unter dem Maria stand und litt, bitten wir dich:

Wir verkünden als deine Kirche keine Ideologien oder Gefälligkeiten, sondern Christus, den Gekreuzigten. Bewahre deine Kirche in der Treue zu der ihr aufgetragenen Botschaft.

Die Welt hat sich zu entscheiden, wovon sie ihr Heil erhofft und nach wem sie sich ausrichtet. Rufe ihr den wichtigsten Entscheidungsaugenblick ihrer Geschichte in Erinnerung, damit sich alle Menschen mit Maria unter das Kreuz stellen und zu dem aufblicken, der am Kreuz das Leben erkämpft hat.

Viele Menschen leiden an Seele und Leib, wie auch Maria mit ihrem Sohn litt. Wie ihre Schmerzen fruchtbar waren für unser Heil, so laß auch das Leid der Vielen nicht vergeblich und umsonst sein.

Trotz guter Vorsätze und besseren Wissens fallen wir immer wieder in Schuld und Sünde zurück. Das Gedächtnis des Kreuzesopfers und der Schmerzen Mariens möge uns davor bewahren, das Leid deines Sohnes und seiner Mutter durch unsere Verfehlungen noch zu vermehren.

Durch ihren Schmerz wirkte Maria am Sieg Jesu Christi über den Tod mit. Schenke unseren Verstorbenen die Frucht des Erlösungstodes deines Sohnes.

Wie auch Maria das Leid nicht erspart wurde und sie so in die Nachfolge ihres Sohnes trat, wollen auch wir sein und unser Kreuz tragen, damit wir Anteil an seiner Herrlichkeit und Erhöhung erlangen durch Christus, unseren gekreuzigten und auferstandenen Herrn.

Liedvorschläge

Zur Eröffnung: Da Jesus an dem Kreuze stund (GL 187, 1. und 4.) oder: Maria, sei gegrüßt (591, 1 ff.); falls als Sequenz nicht alle Strophen von GL 584 gesungen werden, empfiehlt sich auch: Christi Mutter stand mit Schmerzen (GL 584, 1. bis 3.); Antwortgesang/Sequenz: Christi Mutter stand mit Schmerzen (GL 584, 1 ff.); soweit schon zur Eröffnung gesungen, folgen nur noch die 4. und 5. Str.; Danksagung: »Mir nach«, spricht Christus (GL 616, 1. und 5.) oder: Wir danken dir (GL 178, 1., 3. und 4.) oder: Sei gelobt (GL 540, 1 ff.); außerdem geeignet: Du schweigst, Herr (GL 185, 2., 4., 12. und 13.), O Traurigkeit (GL 188, 2., 4. und 5.), Maria, dich lieben (GL 594, 4.).

7. Oktober

Gedenktag Unserer Lieben Frau vom Rosenkranz

Einführung

Daß der heutige Gedenktag Unserer Lieben Frau vom Rosenkranz das weltgeschichtliche Ereignis des Seesieges über die Türken bei Lepanto 1571 als Ursprung hat, soll uns nicht davon ablenken, unser heutiges Augenmerk vornehmlich auf das Rosenkranzgebet zu lenken. Dieses Gebet spiegelt wider, wie das menschgewordene Wort Gottes »sich voll Erbarmen um die Anliegen der Menschen kümmerte und die Erlösung vollbrachte. In geordneter Abfolge betrachtet nämlich dieses Gebet die hauptsächlichsten heilbringenden Ereignisse des Lebens Christi, angefangen von der jungfräulichen Empfängnis und den anderen Geheimnissen der Kindheit bis zu den wichtigsten Mysterien von Ostern – das heilbringende Leiden und die glorreiche Auferstehung – und den Auswirkungen, die sie auf die Kirche hatten, die an Pfingsten ins Leben trat sowie auf die allerseligste Jungfrau Maria, die nach Vollendung ihrer irdischen Pilgerfahrt mit Leib und Seele in die himmlische Heimat aufgenommen wurde« (MC n. 45).

Der Rosenkranz entspricht der Glaubensverkündigung des Christusgeheimnisses: Entäußerung, Tod und Erhöhung des Herrn (Phil 2,6–811). Was die Kirche aber glaubt, feiert sie in der Liturgie. So stehen beide, Liturgie und Rosenkranz, in enger Beziehung zueinander. »Die Liturgie bewirkt, daß unter dem Schleier heiliger Zeichen die Mysterien unserer Erlösung gegenwärtig und wirksam werden, der Rosenkranz hingegen ruft dieselben durch fromme Erwägung dem Beter in Erinnerung und zieht daraus Richtlinien für das tägliche Leben« (MC n. 48).

Im Rosenkranzgebet halten wir wach, was hier in der Feier der Liturgie gegenwärtig und wirksam ist, um aus der Eucharistiefeier zu leben. Wir sind aufgrund unserer Schwachheit und unseres Vergessens auf dieses Gedenken angewiesen. Das erkennen wir um so mehr, wenn wir auf unser Versagen und unsere Sünden schauen.

Fürbitten

Allmächtiger Gott, in der Feier der Eucharistie wird gegenwärtig, was wir im Gebet des Rosenkranzes zu unserem Heil wachrufen: Das Heilswerk deines

Sohnes. Damit wir dessen treue Verwalter sind, rufen wir dich an und bitten dich:

Daß deine Gläubigen der Einladung der Kirche zur Feier der Eucharistie folgen.

Daß die Menschen aus der Betrachtung des Lebens, Todes und der Auferstehung und Erhöhung deines Sohnes Richtlinien für ihr tägliches Leben ziehen.

Daß die Notleidenden durch die Betrachtung der Entäußerung deines Sohnes in ihren Gebeten die Gewißheit erlangen, daß sie dir und ihm in besonderer Weise verbunden sind.

Daß wir als deine Gemeinde aus der Feier der Eucharistie leben und das in ihr angebotene Gnadengeschenk im Rosenkranzgebet wachhalten.

Daß unsere Verstorbenen die Frucht der Erlösung erfahren, die wir in der Eucharistie feiern.

Unablässig wirkst du, Gott und Vater, unser Heil. Laß uns dessen ohne Unterlaß feiernd und betend gedenken, damit der Vollzug unseres Lebens deinem Willen entspricht. Dir sei Dank alle Tage.

Liedvorschläge

Zur Eröffnung: Königin im Himmelreich (GL 593, 1 ff.) oder: Alle Tage sing und sage (GL 589, 1 ff.); Antwortgesang: Meerstern, sei gegrüßt (GL 578, 3., 4. und 6.); Danksagung: Nun jauchzt dem Herren (GL 474, 5. und 6.) oder: Lob sei dem Herrn (GL 493, 1., 3. und 8.) oder: Dich will ich rühmen (GL 274, 1. und 6.) oder: Wir glauben Gott (GL 276, 1 ff.); außerdem geeignet: Maria, dich lieben (GL 594, 5.).

21. November

Gedenktag Unserer Lieben Frau in Jerusalem

Einführung

Das Weihefest der Marienkirche, die von den Kreuzfahrern in der Nähe des Tempels von Jerusalem errichtet wurde, bildet den Ursprung des heutigen Gedenktages und richtet unseren Blick in die Stadt und in das Land, wo der menschgewordene Sohn Gottes lebte. Die Betrachtung des Lebens Jesu läßt zugleich auf das Leben seiner Mutter schauen. »Im öffentlichen Leben Jesu erscheint seine Mutter an bezeichnenden Stellen, am Anfang, da sie bei der Hochzeit zu Kana in Galiläa in Barmherzigkeit den Anfang der Messiaszeichen Jesu durch ihre Fürbitte veranlaßt hat (vgl. Joh 2, 1–11). Im Verlauf seiner Predigt nahm sie die Worte auf, in denen der Sohn das die Gründe und Bande von Fleisch und Blut übersteigende Reich verkündigte und die seligpries, die das Wort Gottes hören und bewahren (vgl. Mk 3, 35 und Parall.; Lk 11, 27–28), wie sie selbst es getreulich tat (vgl. Lk 2, 19 und 51). So ging auch die selige Jungfrau den Pilgerweg des Glaubens. Ihre Vereinigung mit dem Sohn hielt sie in Treue bis zum Kreuz, wo sie nicht ohne göttliche Absicht stand (vgl. Joh 19, 25), heftig mit ihrem Eingeborenen litt und sich mit seinem Opfer in mütterlichem Geist verband, indem sie der Hinopferung des Schlachtopfers, das sie geboren hatte, liebevoll zustimmte« (LG n. 58).

Nicht der Tempel aus Stein, sondern der aus Fleisch und Blut, Jesus von Nazaret, der Sohn Gottes, ist die Mitte unseres Lebens, die Stätte Gottes, an der sich der Vater offenbart im Sohn. In diese Zuwendung Gottes zu den Menschen ist Maria eingebunden. »Maria vereinigt, da sie zuinnerst in die Heilsgeschichte eingegangen ist, gewissermaßen die größten Glaubensgeheimnisse in sich und strahlt sie wider. Daher ruft ihre Verkündigung und Verehrung die Gläubigen zu ihrem Sohn und seinem Opfer und zur Liebe des Vaters auf« (LG n. 65).
Da uns ein lebendiger Tempel geschenkt ist, wir selbst wie Maria Tempel Gottes sein sollen, wollen wir uns fragen, ob Gott die Mitte unseres Lebens ist, ob wir uns ganz und gar auf ihn ausrichten und uns in seine Heilsgeschichte einbinden lassen.

Fürbitten

Barmherziger Gott, mit Maria gehen wir den Pilgerweg des Glaubens. Blieb sie dir und deinem Sohn darin treu, sind wir in Gefahr, von diesem Weg abzukommen. Deshalb sind wir auf deine Hilfe angewiesen und bitten dich:

Steh deiner Kirche, dem wandernden Gottesvolk, auf ihrem Weg durch die Zeit bei.

Bewahre die Menschen vor der Versuchung, sich Tempel des Geldes und der Macht zu errichten und ihnen zu huldigen.

Bestärke die Armen und Notleidenden in der Gewißheit, daß gerade sie dein Tempel, deine Wohnstatt sind.

Halte in uns durch die Verehrung Mariens den Willen lebendig, unsere ganze Existenz auf dich und deinen Sohn auszurichten.

Wende dich unseren Verstorbenen zu, damit sie nach ihrem Pilgerweg des Glaubens mit Maria Anteil haben an deiner ewigen Herrlichkeit.

Indem wir heute Maria ehren, danken wir dir, Vater, für deine Liebe und für die Menschwerdung und das Opfer deines Sohnes, unseres Herrn.

Liedvorschläge

Zur Eröffnung: Maria, dich lieben (GL 594, 3. und 5.); Antwortgesang: Den Herren will ich loben (GL 261, 1 ff.) oder: Gruß dir, Mutter (GL 586, 2.); Danksagung: O lieber Jesu (GL 550, 1., 3., 4. und 6.).

8. Dezember

Hochfest der ohne Erbsünde empfangenen Jungfrau und Gottesmutter Maria

Einführung

Wir feiern heute das Fest der ohne Erbsünde empfangenen Jungfrau und Gottesmutter Maria und gedenken dabei auch »der Ankunft des Erlösers und des glücklichen Anfangs der Kirche, die ohne Makel und Runzel ist« (MC n. 3). Über dieses Fest sagt die

Kirchenkonstitution des II. Vatikanischen Konzils: »Der Vater der Erbarmungen wollte aber, daß vor der Menschwerdung die vorherbestimmte Mutter ihr empfangendes Ja sagte, damit auf diese Weise so, wie eine Frau zum Tode beigetragen hat, auch eine Frau zum Leben beitrüge. Das gilt in erhabenster Weise von der Mutter Jesu, die das Leben selbst, das alles erneuert, der Welt geboren hat und von Gott mit den einer solchen Aufgabe entsprechenden Geschenken begabt worden ist. Daher ist es nicht verwunderlich, daß es bei den heiligen Vätern gebräuchlich wurde, die Gottesmutter ganz heilig und von jeder Sündenmakel frei zu nennen, gewissermaßen vom Heiligen Geist gebildet und zu einer neuen Kreatur gemacht. Vom ersten Augenblick ihrer Empfängnis an im Glanz einer einzigartigen Heiligkeit, wird die Jungfrau von Nazareth vom Engel bei der Botschaft auf Gottes Geheiß als ›voll der Gnade‹ gegrüßt (vgl. Lk 1,28), und sie antwortet dem Boten des Himmels: ›Siehe, ich bin die Magd des Herrn, mir geschehe nach deinem Wort‹ (Lk 1,38). So ist die Adamstochter Maria, dem Wort Gottes zustimmend, Mutter Jesu geworden. Sie umfing den Heilswillen Gottes mit ganzem Herzen und von Sünde unbehindert und gab sich als Magd des Herrn ganz der Person und dem Werk ihres Sohnes hin und diente so unter ihm und mit ihm in der Gnade des allmächtigen Gottes dem Geheimnis der Erlösung« (LG n. 56).

Angesichts dieses Festgeheimnisses lassen wir uns auf die Frage ein, inwieweit wir uns dem Willen und Werk Gottes hingeben.

Fürbitten

Herr und Gott, du willst uns befreien aus Sünde und Tod. In Maria, der Ersterlösten, erkennen wir, wie weit uns unsere Schuld von jener zugedachten Reinheit trennt. Darum bitten wir dich:

Als dein Werk ist deine Kirche ohne Makel und Runzel. Da wir ihr in unserem Versagen immer neu Schaden zufügen, erneuere sie und schenke uns dein Erbarmen.

In ihrer Reinheit ist Maria Teil deiner neuen Schöpfung, der neue Mensch in seiner ihm von dir zugedachten Vollendung. Laß das Ringen der Welt um ein neues Menschenbild bestimmt sein von diesem Vorbild der Heiligkeit und Freiheit.

Maria hat ihrer Berufung zugestimmt, in ihrem Sohn der Welt das Leben zu schenken, das alles erneuert. Schenke uns die Bereitschaft zum Dienst an allen, die an dieser Welt zu zerbrechen drohen, damit unser Leben erfüllt und sinnvoll ist.

Maria gab sich der Person und dem Werk ihres Sohnes ganz hin. Nimm von uns die Fesseln der Sünde, damit wir so befreit durch unser tatkräftiges Lebenszeugnis an deiner neuen Schöpfung mitwirken.

In Maria ist von dir schon vorweggenommen, was wir für uns nach aller Zeit erhoffen und erbitten. Gewähre uns und unseren Verstorbenen dein Erbarmen, damit wir in deiner Barmherzigkeit gereinigt mit unseren Verstorbenen nicht im Tod der Sünde verbleiben, sondern bei dir leben.

Vater aller Lebenden, bevor wir darum wissen, umsorgst du uns und läßt uns teilhaben an deinem Erlösungswerk. Die Welt, die unter dem Verlust des Paradieses leidet, strebt nach deinem Heilsplan darauf zu. In Maria, in ihrer Reinheit, Jungfräulichkeit und Heiligkeit, ist uns für diese Gewißheit das Zeichen geschenkt. Stärke in uns die Hoffnung auf deine neue Schöpfung, die wir in Maria und in deinem Sohn erkennen, der mit dir lebt und wirkt in Ewigkeit.

Liedvorschläge

Zur Eröffnung: Ave Maria klare (GL 581, 1. und 2.); Antwortgesang nach der ersten Lesung: Meerstern, sei gegrüßet (GL 578, 1. und 2.); Antwortgesang nach der zweiten Lesung: Ave Maria zart (GL 583, 1. bis 3.); Danksagung: Laßt uns loben (GL 637, 1 ff.) oder: Komm, du Heiland (GL 108, 1., 2. und 5.); außerdem geeignet: Gegrüßet seist du (GL 573, 3. und 4.), Maria, Himmelskönigin (GL 579, 1. und 2.), Gruß dir, Mutter (GL 586, 4.), Sagt an, wer ist doch diese (GL 588, 2.), Alle Tage sing und sage (GL 589, 1. und 2.).

Der Englische Gruß

Papst Paul VI. erklärt: »Was den Englischen Gruß betrifft, möchten wir aufs neue und angelegentlichst empfehlen, daß dieses Gebet nach Möglichkeit beibehalten wird. Dieses Gebet bedarf keiner Reform; es hat nach so langer Zeit nichts von seiner Kraft und seinem Glanz verloren, seine Struktur ist einfach und den Hl. Schriften entlehnt; der historische Ursprung mahnt, für Frieden und Sicherheit zu beten; in seiner zeitlichen Ansetzung heiligt es gewissermaßen (wie das liturgische Stundengebet) den Ablauf des Tages; es ruft das Ostergeheimnis in Erinnerung, denn nach der Erwähnung der Menschwerdung Christi bitten wir, daß wir durch sein Leiden und Kreuz zur Herrlichkeit der Auferstehung geführt werden...
Der große Wert liegt in der Betrachtung des Geheimnisses der Menschwerdung Christi, der Gruß an Maria und die Zuflucht zu ihrer gütigen Fürsprache; und trotz des Zeitenwandels bleiben doch für die meisten Menschen die Tageseinschnitte: Morgen, Mittag und Abend bedeutungsvoll als Anruf, eine Gebetspause einzulegen« (MC n. 41).
Gerade in unserer Zeit, in der das Wort »Friede« in besonderer Weise von Bedeutung ist, da es Sehnsucht und Hoffnung weckt, andererseits aber auch die Auseinandersetzung mit den Zuständen unserer Welt hervorruft, ist der Boden für ein Friedensgebet bereitet. Der Englische Gruß, dessen »historische(r) Ursprung mahnt, für Frieden und Sicherheit zu beten« (MC n. 41), kann den Gläubigen als Friedensgebet nahegebracht werden, wird in ihm doch unsere Erlösung durch Christus entfaltet und so durch den Betenden bezeugt, wer und was der Welt Frieden schenkt.
Da der Friede fortwährend durch unsere Schuld gefährdet ist, bedarf es des täglichen Gebetes darum bzw. des mehrmaligen Gebetes am Tage. Hierzu eignen sich vornehmlich die Tageseinschnitte: Morgen, Mittag und Abend. Das in den meisten Gemeinden übliche Angelusläuten ruft zu diesem Gebet auf, in dem in kurzer Form der zentralen Heilsereignisse, Menschwerdung, Tod und Auferstehung des Herrn, ebenso gedacht wird wie auch des Vorbilds Mariens, die zu diesem Heilsgeschehen ihr Ja gesprochen und sich dem Willen Gottes ergeben hat. Durch das Gebet des Englischen Grußes wird zudem der Tag, unter dessen Aufgaben viele Menschen angesichts ihrer bemessenen Kräfte leiden, geheiligt.
Neben der pastoralen Aufgabe, den Englischen Gruß den Gläubigen als dreimaliges Tagesgebet zu empfehlen, bietet sich die Möglichkeit, ihn vor der Eucharistiefeier am Morgen oder am Abend gemeinschaftlich zu beten oder zu einer eigenen »Andacht zum Englischen Gruß« einzuladen, für die ein Mo-

dell beispielhaft vorgestellt werden soll. Als gemeinschaftliches Gebet kann der Englische Gruß als Morgen-, Mittags- und Abendgebet der Familie sowie als Anfangs- und Schlußgebet für den Schulunterricht empfohlen werden.

Andacht zum Englischen Gruß

Eingangslied

»Ave Maria zart« (GL 583, 1. und 2.)

Begrüssung

Die Gnade unseres Herrn Jesus Christus, der Mensch geworden ist, die Liebe Gottes, des Vaters, der sich die Jungfrau Maria als Mutter seines Sohnes erwählt hat, und die Gemeinschaft des Heiligen Geistes, der Maria überschattet hat, sei mit euch.

Einführung

Gott hat uns in Maria das Vorbild des Glaubens geschenkt. Sie zeigt durch ihren Lebensentscheid, dem sie von Nazaret bis zum Pfingsttag und darüber hinaus treu geblieben ist, wie wir uns in unserem Lebensvollzug auf den Willen Gottes, auf die Nachfolge seines Sohnes einlassen, wie wir denken, entscheiden und handeln sollen, um teilzuhaben an der uns geschenkten Erlösung in Christus. Darin ist Maria das Vorbild aller Glaubenden.
Zu Beginn / In der Mitte / Am Abend dieses Tages treten wir vor Gott hin und rufen sein Erbarmen auf uns herab.

– *Stille Besinnung* –

Herr Jesus Christus, durch ihr Jawort hat Maria den Weg deiner Menschwerdung und unserer Erlösung bereitet:
Herr, erbarme dich.
Du bist das ewige Wort, das Fleisch geworden ist in unserer Mitte:
Christus erbarme dich.
Du bist das Licht, das das Dunkel unserer Zeit in ihrem Unfrieden erhellt:
Herr, erbarme dich.
Barmherziger Gott, sei deinem Volk gnädig, das dich von neuem im Ablauf der Zeit anruft. Durch die Bereitschaft Mariens und in der Menschwerdung deines Sohnes nahm dein Reich seinen Anfang. Schenke uns den Frieden und laß uns dem Frieden dienen, den uns dein Sohn durch sein Erlösungswerk ermöglicht hat. Darum bitten wir dich durch Christus, unseren Herrn.

Lied

»Gott, heiliger Schöpfer aller Stern« (GL 116, 1., 3. bis 5.)

Evangelium

Lk 1,26–38

– *Stille* –

Lied

»Maria, Mutter unsres Herrn« (GL 577, 1. bis 3.).

Der Engel des Herrn

brachte Maria die Botschaft, und sie empfing vom Heiligen Geist.
Gegrüßet seist du, Maria...
Maria sprach: Siehe, ich bin die Magd des Herrn; mir geschehe nach deinem Wort.
Gegrüßet seist du, Maria...
Und das Wort ist Fleisch geworden und hat unter uns gewohnt.
Gegrüßet seist du, Maria...
V. Bitte für uns, heilige Gottesmutter,
A. daß wir würdig werden der Verheißungen Christi.
V. Lasset uns beten. – Allmächtiger Gott, gieße deine Gnade in unsere Herzen ein. Durch die Botschaft des Engels haben wir die Menschwerdung Christi, deines Sohnes, erkannt. Laß uns durch sein Leiden und Kreuz zur Herrlichkeit der Auferstehung gelangen. Darum bitten wir durch Christus, unseren Herrn. A. Amen.

Lied

»O Mutter, reich an Güt und Huld« (GL 577, 4.)

Gebet (Meßbuch S. 649)

Gott, du bist groß und unbegreiflich.
Nach deinem Willen ist dein ewiges Wort
im Schoß der Jungfrau Maria Mensch geworden.
Gläubig bekennen wir,
daß unser Erlöser wahrer Gott
und wahrer Mensch ist.
Mach uns würdig,
Anteil zu erhalten an seinem göttlichen Leben.
Darum bitten wir durch ihn, Jesus Christus,
deinen Sohn, unseren Herrn und Gott,
der in der Einheit des Heiligen Geistes
mit dir lebt und herrscht in alle Ewigkeit.

Gemeinsames Gebet

Unter deinen Schutz und Schirm
fliehen wir, heilige Gottesmutter.
Verschmähe nicht unser Gebet in unseren Nöten,
sondern errette uns jederzeit aus allen Gefahren,
o du glorwürdige und gebenedeite Jungfrau,
unsere Frau, unsere Mittlerin, unsere Fürsprecherin.
Führe uns zu deinem Sohne,
empfiehl uns deinem Sohne,
stelle uns vor deinem Sohne.

Bitte für uns, heilige Gottesmutter.
Auf daß wir würdig werden der Verheißung Christi.

Lied

»Maria, breit den Mantel aus« (GL 595, 1.)

Segensgebet (Meßbuch S. 572, Nr. 16)

Sei uns gnädig, Herr, unser Gott,
denn wir sind dein Volk.
Hilf uns, dir Tag um Tag besser zu dienen,
gib uns Abscheu vor dem, was dir mißfällt,
und Freude an deinen Geboten.
Darum bitten wir durch Christus, unseren Herrn.
Der Segen des allmächtigen Gottes,
des Vaters und des Sohnes
+ und des Heiligen Geistes,
komme auf euch herab
und bleibe bei euch allezeit.
A. Amen.

Der Rosenkranz

In dem apostolischen Mahnschreiben »Marialis cultus« trifft Papst Paul VI. Aussagen über das Rosenkranzgebet in seiner christologischen Orientierung, über die Beziehung von Rosenkranz und Liturgie und darüber, wie der Rosenkranz zu beten sei. Diese Ausführungen sollen auszugsweise wiedergegeben werden, wobei die wesentlichsten Aussagen festgehalten werden, die über die persönliche Besinnung über den Rosenkranz hinaus als Einführungen in eine Rosenkranzandacht dienen können.

Der Rosenkranz in seiner christologischen Orientierung

Das Rosenkranzgebet ist besonders geeignet, »die Betrachtung zu fördern, da es Lobpreis und Bitte in sich vereinigt«. Es befähigt dazu, »das christliche Leben zu vertiefen und den apostolischen Eifer zu mehren« (MC n. 42).

Der Rosenkranz, das gleichsam gebetete Evangelium, »ganz ausgerichtet auf das Erlösungsgeheimnis der Menschwerdung, hat also eine ausgesprochen christologische Orientierung. In der Tat, auch das charakteristische Element der litaneiartigen Wiederholung des Ave Maria wird zu einer unablässigen Lobpreisung Christi, der das letzte Ziel des Engelsgrußes und desjenigen der Mutter des Vorläufers ist: Gebenedeit ist die Frucht deines Leibes (Lk 1,42)« (MC n. 46).

Im Rosenkranz ist die »gemeinsam mit Maria angestellte Betrachtung einer Reihe von Heilsgeheimnissen«, weise auf drei Zyklen verteilt, »die das Glück der messianischen Zeit, das heilbringende Leiden Christi und die Herrlichkeit des Auferstandenen, die auf die Kirche überströmt, ausdrücken: eine Betrachtung, die kraft ihrer Natur religiöse Impulse und sittliche Anregungen vermittelt« (MC n. 49).

Der biblische Charakter des Rosenkranzes tritt deutlich in Erscheinung; »denn die Geheimnisse und die hauptsächlichsten Gebetsformeln sind ja aus dem Evangelium entnommen. Dem Evangelium können die Gläubigen entnehmen, wie sie den Rosenkranz andächtig beten können, wenn der festliche Gruß des Engels an Maria und ihre fromme Zustimmung in Erinnerung gerufen werden« (MC n. 44).

Die theologischen und frömmigkeitsgeschichtlichen Studien haben klarer erkennen lassen, »wie das geordnete und gesammelte Beten des Rosenkranzes die Art und Weise widerspiegelt, wie das Wort Gottes sich voll Erbarmen um die Anliegen der Menschen kümmerte und die Erlösung vollbrachte. In geordneter Abfolge betrachtet nämlich dieses Gebet die hauptsächlichsten heilbringenden Ereignisse des Lebens Christi, angefangen von der jungfräulichen Empfängnis und den anderen Geheimnissen der Kindheit bis zu den wichtigsten Mysterien von Ostern – das heilbringende Leiden und die glorreiche Auferstehung – und den Auswirkungen, die sie auf die Kirche hatten, die an Pfingsten ins Leben trat sowie auf die allerseligste Jungfrau Maria, die nach Vollendung ihrer irdischen Pilgerfahrt mit Leib und Seele in die himmlische Heimat aufgenommen wurde. Und man hat bemerkt, daß die Dreiteilung des Rosenkranzes nicht bloß genau dem chronologischen Ablauf der Ereignisse entspricht, sondern auch der ursprünglichen Glaubensverkündigung, und das Christusgeheimnis in gleicher Weise wiedergibt, wie es Paulus im berühmten Hymnus des Philipperbriefes verherrlicht: Entäußerung, Tod, Erhöhung (2,6–11)« (MC n. 45).

Die Beziehung von Rosenkranz und Liturgie

Papst Paul VI. schreibt in »Marialis cultus«, es sei »unschwer festzustellen, daß der Rosenkranz eine fromme Übung ist, die ihre Motive aus der Liturgie entlehnt – und wenn er in seinem ursprünglichen Geist gebetet wird, führt er auch notwendig zur Liturgie hin, wenn er auch ihre Schwelle nicht überschreiten kann. In der Tat, durch die Betrachtung der Rosenkranzgeheimnisse werden dem Gläubigen die Mysterien Christi lieb und vertraut, so daß der Rosenkranz hervorragend geeignet ist, auf die Feier der Liturgie vorzubereiten und sie im Alltag nachklingen zu lassen« (MC n. 48).

Die theologischen Forschungen haben erkennen lassen, »daß der Rosenkranz gleichsam ein Reis ist, das aus dem Wurzelstock der christlichen Liturgie herausgewachsen ist, gewissermaßen als Psalter der Jungfrau Maria, durch den sich die einfachen Gläubigen dem großen Chor der betenden Kirche anschließen« (MC n. 48).

»Jede Gebetsform ist um so fruchtbarer, als sie ihre spezifische Eigenart bewahrt. Unbeschadet des Vorrangs liturgischer Feiern ist es nicht schwer zu zeigen, daß der Rosenkranz sich leicht mit dem Geist der Liturgie vereinbaren läßt. Denn auch dem Rosenkranz kommt Gemeinschaftscharakter zu, auch er wird gespeist von der Heiligen Schrift, auch er kreist ganz und gar um das Christusgeheimnis. Und wenn auch beide Ordnungen angehören, die ihrer Natur nach verschieden sind, so verweilen doch die liturgische Anamnese wie das kontemplative Verweilen bei den gleichen Heilstaten, deren Urheber Christus ist« (MC n. 48).

»Die Liturgie bewirkt, daß unter dem Schleier heiliger Zeichen die Mysterien unserer Erlösung gegenwärtig und wirksam werden, der Rosenkranz hingegen ruft dieselben durch fromme Erwägung dem Beter in Erinnerung und zieht daraus Richtlinien für das tägliche Leben« (MC n. 48).

Wie der Rosenkranz zu beten ist

»Seiner Natur nach verlangt der Rosenkranz einen ruhigen Rhythmus und ein besinnliches Verweilen, das dem Betenden das Betrachten der Geheimnisse des Herrn erleichtert und dies gleichsam mit dem Herzen derjenigen, die dem Herrn am nächsten stand – so werden sich ihm die unermeßlichen Reichtümer der Mysterien erschließen« (MC n. 47).

Die Elemente des Rosenkranzgebetes – Vater unser, Ave Maria und Lobspruch »Ehre sei dem Vater« – sollen in ihrer Beschaffenheit beachtet und gewürdigt werden, »damit der Rosenkranz wirklich seinen vielfältigen Reichtum entfalten kann: denn dieses Gebet ist ernst und flehend im Vater unser, poetisch und frohmachend im ruhigen Fluß der Ave Maria: beschaulich in der aufmerksamen Betrachtung der Geheimnisse, anbetend im Gloria Patri. Und das alles gilt, ob der Rosenkranz privat gebetet wird, wenn der Beter sich sammelt, um in Stille und Intimität beim Herrn zu sein, oder in kleinen Gruppen, um sich der besonderen Gegenwart Christi zu versichern (cf Mt 18,20), oder öffentlich in Zusammenkünften, zu denen die Kirche ihre Gläubigen zusammenruft« (MC n. 50).

Von den in unserer Zeit entstandenen gottesdienstlichen Formen des Rosenkranzgebetes erwähnt und empfiehlt Papst Paul VI. jene, »die dem gewohnten Schema des Wortgottesdienstes gewisse Elemente des Rosenkranzes einfügen: die Betrachtung der Geheimnisse und litaneiartige Wiederholung des Ave Maria. Diese Elemente werden noch profiliert, wenn sie eingerahmt werden von biblischen Lesungen, erläutert durch eine Predigt, vertieft durch Meditationspausen und bereichert durch Lieder. Solche Feiern haben viel dazu beigetragen, die Reichtümer des Rosenkranzes zu entdecken« (MC n. 51).

Neben dem persönlichen und gemeindlichen Rosenkranzgebet empfiehlt Papst Paul VI. den Familienrosenkranz. Das gemeinsame Rosenkranzgebet im Kreis der Familie verleiht dieser das wesentliche Merkmal einer christlichen Familie. »Das II. Vatikanische Konzil hat die Familie beleuchtet als Grund- und Lebenszelle der menschlichen Gesellschaft. Diese Sendung wird sie erfüllen, wenn sie sich in der gegenseitigen Liebe ihrer Glieder und im gemeinsamen Gebet vor Gott als häusliches Heiligtum der Kirche erweist. Die christliche Familie wird sich als ›Hauskirche[116]‹ erweisen, wenn alle ihre Glieder – ein jedes nach Maßgabe seiner Verpflichtungen – sich bemüht, Gerechtigkeit zu üben, Werke der Barmherzigkeit zu tun, sich dem Dienst der Brüder zu widmen, Anteil zu nehmen am Apostolat der Ortskirche und mitzuwirken beim liturgischen Gottesdienst. Denn ohne Gebet würde der christlichen Familie ein wesentliches Merkmal fehlen. Darum muß die Familie, wenn sie wirklich eine Kirche im kleinen sein will, sich alle Mühe geben, das gemeinsame Gebet wieder aufzunehmen« (MC n. 52).

Der Rosenkranz als Hinführung zur Liturgie und deren Nachbereitung

Um im Gebet des Rosenkranzes sowie in der Rosenkranzandacht hervorzuheben, daß das Rosenkranzgebet in besonderer Weise »geeignet ist, auf die Feier der Liturgie vorzubereiten und sie im Alltag nachklingen zu lassen« (MC n. 48), sollte außer dem traditionellen Aufbau des Rosengranzgebetes auch eine Erweiterung mit Elementen der jeweiligen Sonntagsliturgie möglich sein. Indem in die Gebetsfolge Teile der sonntäglichen Eucharistiefeier eingebracht und eingefügt werden, klingt diese im Beter nach. Das Heilsmysterium der Eucharistiefeier wird dadurch bei dem verstärkt wachgerufen, der im Rosenkranz die Heilsgeheimnisse Christi betrachtet. So wird deutlich, daß das, was im Rosenkranz in der Form des Gebetes bezeugt und bekräftigt wird, in der hl. Messe von der Kirche gefeiert wird und heilbringende Wirklichkeit wie Wirksamkeit ist. In »Marialis cultus« nennt Papst Paul VI. Möglichkeiten, dem Rosenkranzgebet gewisse Elemente beizufügen, so daß es zu einem Wortgottesdienst erweitert ist. Auf diese päpstlichen Empfehlungen (MC n. 51) soll bei dem folgenden Modell zurückgegriffen werden, in dem der Rosenkranz als Hinführung zur (Sonntags-)Liturgie und deren Nachbereitung betont wird:

Lied (Eingangslied der Sonntagsliturgie);
Eröffnung des Rosenkranzes (GL 33, 2.);
Tagesgebet der Sonntagsliturgie;
Halleluja-Vers bzw. zweiter Zwischengesang des Sonntags;
Evangelium des Sonntags;
Stille und Homilie;
Fürbitten des Sonntags; Rosenkranz (GL 33, 3. oder 4. oder 5.) – evtl. mit Liedstrophen (z. B. GL 590 ff.);
Segensgebet (Meßbuch S. 568–575 »Segensgebet über das Volk«).

Die in diesem Modell vorweggenommenen oder wiederholten Texte der Sonntagsliturgie bestärken den Rosenkranz als Hinführung oder Nachbereitung der Liturgie. Hinsichtlich der liturgischen Texte gilt das gleiche wie für den Ablauf des Rosenkranzgebetes: Wiederholung vertieft und läßt eindringen. Zur Hinführung bieten sich der Freitagabend oder Samstagabend (vor der Vorabendmesse) an, zur Nachbereitung der Sonntagabend oder einer der folgenden Werktage.

Darüber hinaus sind in großer Zahl in der geistlichen Literatur Betrachtungen zum Rosenkranz und seinen Geheimnissen erschienen, die möglich machen, entsprechend der päpstlichen Empfehlungen in das Schema des Wortgottesdienstes gewisse Elemente des Rosenkranzes einzufügen. Beispielhaft sei hierfür ein Modell aufgeführt:

Eingangslied;
Begrüßung und thematische Einführung (je nach den Geheimnissen);
Gebet oder Eröffnung des Rosenkranzes (GL 33, 2.);
Lied;
Schriftlesung;
Meditationspause;
Predigt;
Fünf Gesätze der jeweiligen Geheimnisse des Rosenkranzes (GL 33, 3 ff.) mit evtl. Liedunterbrechung (GL 590 ff.);
Fürbitten;
Schlußgebet;
Segen;
Lied.
Über die geistliche Literatur hinaus, die in ihrer Fülle hier nicht einzeln aufgeführt werden kann, finden sich auch im Gotteslob (GL 33) Anregungen für das Rosenkranzgebet.

Rosenkranzandacht unter Verwendung liturgischer Texte zum sechsten Ostersonntag (Lesejahr A)

Eingangslied

»Der Geist des Herrn erfüllt das All« (GL 249, 1. u. 3.)

Eröffnung des Rosenkranzes (GL 33, 2.)

Tagesgebet (Meßbuch S. 181)

Allmächtiger Gott,
laß uns die österliche Zeit
in herzlicher Freude begehen
und die Auferstehung unseres Herrn preisen,
damit das Ostergeheimnis,
das wir in diesen fünfzig Tagen feiern,
unser ganzes Leben prägt und verwandelt.
Darum bitten wir durch Jesus Christus.

Zwischengesang

Vers: Joh 14, 23 (möglichst gesungen)

Alleluja.
So spricht der Herr:
Wer mich liebt, wird mein Wort festhalten;
mein Vater wird ihn lieben,
und wir werden bei ihm wohnen.

Evangelium

Joh 14,15–21

Stille oder Homilie

Fürbitten

Herr Jesus Christus, du hast uns den Beistand, den Heiligen Geist, verheißen, damit wir in dir leben und deine Gebote halten. Wir bitten dich:

Für alle, die um deines Namens willen verfolgt werden: daß ihr geistgetränktes, leidvolles Bekenntnis deinem Reich zum Sieg verhelfe.
V./A. Sende aus deinen Geist, und das Antlitz der Erde wird neu (GL 253, 1.).

Für alle, die Einfluß auf die Gestaltung dieser Welt haben: daß sie sich in ihren Entscheidungen von deinen Geboten leiten lassen.
A. Sende aus deinen Geist, und das Antlitz der Erde wird neu.

Für alle, die an ihrer Hoffnungslosigkeit zu zerbrechen drohen: daß sie ihr Leben in deine Hand legen.
A. Sende aus deinen Geist, und das Antlitz der Erde wird neu.

Für alle, die am Aufbau unserer Gemeinde mitarbeiten: daß ihr Einsatz von deinem Geist geleitet sei und zur Einheit der Kirche beitrage.
A. Sende aus deinen Geist, und das Antlitz der Erde wird neu.

Für alle, die in österlicher Hoffnung entschlafen sind: daß ihr Glaubenszeugnis und Werk von uns fortgesetzt werden.
A. Sende aus deinen Geist, und das Antlitz der Erde wird neu.

So wollen wir an deinem Reich mitarbeiten, bestärkt durch deinen Geist und in der Einheit mit dir, Christus, der du lebst in Ewigkeit.

Rosenkranz »Die glorreichen Geheimnisse« (GL 33, 5). (Vor den einzelnen Gesätzen Lied GL 592,1–5.)

Segensgebet

(Meßbuch S. 574, Nr. 23)

Herr, unser Gott,
gib dieser Gemeinde deinen Segen.
Sende ihr die Kraft des Heiligen Geistes,
damit ihr geistliches Leben blühe und wachse
und die Glut deiner Liebe
sie zum rechten Tun stärke.
Darum bitten wir durch Christus, unseren Herrn.

Der Segen des allmächtigen Gottes,
des Vaters und des Sohnes
+ und des Heiligen Geistes,
komme auf euch herab
und bleibe bei euch allezeit. P Amen.

Lied

(GL 249, 4.)

Wortgottesdienst mit Rosenkranz »Jesus, den du, o Jungfrau, im Tempel aufgeopfert hast«

EINGANGSLIED

»Ave Maria, gratia plena« (GL 580, 1., 2., 5. und 6.)

BEGRÜSSUNG

Gnade und Friede von Gott, unserem Vater, und unserem Herrn Jesus Christus, der Mensch geworden ist um unseres Heiles willen aus der Jungfrau Maria, sei mit euch.

EINFÜHRUNG

In den freudenreichen Geheimnissen des Rosenkranzes gedenken wir unseres Herrn, den Maria im Tempel aufgeopfert hat. Das Lukasevangelium berichtet von diesem Geschehnis und lenkt unseren Blick auf die Hl. Familie. Die Darstellung des Herrn im Tempel weist auf, daß das Leben der Hl. Familie in die Tradition des Gebetslebens und der geistlichen Übungen des Volkes Israel eingebunden ist. Ob auch unsere Familien in das Gebetsleben der Kirche eingebunden sind, ist die Frage, der wir uns angesichts des Vorbildes der Hl. Familie stellen müssen. Unserer Besinnung wird dienlich sein, was Papst Paul VI. in seinem Schreiben über die Marienverehrung im Abschnitt über den Rosenkranz zur Familie sagt: »Das II. Vatikanische Konzil hat die Familie beleuchtet als Grund- und Lebenszelle der menschlichen Gesellschaft. Diese Sendung wird sie erfüllen, wenn sie sich in der gegenseitigen Liebe ihrer Glieder und im gemeinsamen Gebet vor Gott als häusliches Heiligtum der Kirche erweist. Die christliche Familie wird sich als »Hauskirche« erweisen, wenn alle ihre Glieder – ein jedes nach Maßgabe seiner Verpflichtungen – sich bemüht, Gerechtigkeit zu üben, Werke der Barmherzigkeit zu tun, sich dem Dienst der Brüder zu widmen, Anteil zu nehmen am Apostolat der Ortskirche und mitzuwirken beim liturgischen Gottesdienst. Denn ohne Gebet würde der christlichen Familie ein wesentliches Merkmal fehlen. Darum muß die Familie, wenn sie wirklich eine Kirche im kleinen sein will, sich alle Mühe geben, das gemeinsame Gebet wieder aufzunehmen« (MC n. 52).

GEBET (Meßbuch S. 44)

Herr, unser Gott,
in der Heiligen Familie
hast du uns ein leuchtendes Vorbild geschenkt.
Gib unseren Familien die Gnade,
daß auch sie in Frömmigkeit und Eintracht leben
und einander in der Liebe verbunden bleiben.
Führe uns alle
zur ewigen Gemeinschaft in deinem Vaterhaus.
Darum bitten wir durch Jesus Christus.

Lied
»Treuer Immanuel« (GL 144, 5.)

Evangelium
Lk 2, 22–40

Predigt

Wenn wir an Weihnachten denken, dann kommen uns nicht so sehr die Geschenke in den Sinn, vielmehr – und Sehnsucht danach weckend – die gemeinsamen Stunden im Kreise der Familie. Diesem Erlebnis stehen während des Jahres oft die auseinanderlaufenden Lebenswege der Familienangehörigen entgegen. Was aber auf Weihnachten beschränkt zu sein scheint, ersehnen wir uns für das gesamte Jahr. Doch steht dem vieles im Wege: Schule und Beruf, Ausbildung und Studium, ehrenamtliche Tätigkeiten und Freizeitinteressen, Vereinsmitgliedschaft und Freundeskreis führen uns immer wieder aus der Familie heraus. Selbst bei bestem Willen ist es zuweilen unmöglich, zu einer einheitlichen Zeit an gemeinsamem Ort als Familie zusammenzukommen. Deshalb sind wir dankbar, daß dieser Wunsch über alle Hürden des Jahres hinweg wenigstens an Weihnachten in Erfüllung geht. Und doch: So sehr das Verlangen nach familiärem Zusammensein mittlerweile an Weihnachten gebunden zu sein scheint, verbirgt sich darin eine immer neu zutage tretende Sehnsucht, welche dieses Fest weit überspannt.
Der Wunsch nach Familie als Ort des Geborgenseins, als unangefochtener Lebensraum, als Stätte des Annehmens und Angenommenseins weist in seiner Erwartung über das Heute hinaus auf die Endzeit. So fern diese auch noch sein mag, ahnbar, ja spürbar, fast greifbar wird sie schon im Heute. Gerade unser Evangelium weist uns darauf hin. Wir hören von der Darstellung Jesu im Tempel. Josef und Maria weihen ihren Erstgeborenen dem Herrn, wie es das Gesetz vorschreibt, dem sie sich verpflichtet wissen. Dieser Darstellung folgt gleichsam eine zweite durch Simeon. In seiner prophetischen Vollmacht weist er das Kind in seinen Armen als den erwarteten Messias aus. Damit wird – wie so oft bei Lukas – im Tempel die Endzeit eingeleitet. Die Zeit der Verheißung erfüllt sich in diesem Kind. Wie Simeon und Anna die zeitgenössische Erwartungshaltung Israels verkörpern, so sind die Eltern des Kindes, wie Lukas sie nennt, die ersten Menschen der messianischen Zeit. Maria und Josef sind in den Dienst dieses Erstgeborenen gestellt und tragen mit an seinem Los. Sie werden seinen Weg mitgehen, der auch das Leid nicht ausschließt. Hier wird zum erstenmal die in den Evangelien und den neutestamentlichen Briefen wiederkehrende paradoxe Botschaft ausgesprochen, daß das Leid im Dienste dieses Kindes zum Segen gereichen wird. Maria und Josef staunen über die gehörten Worte. Denn im Lobpreis Simeons wie Annas wird noch gesteigert, was sie bisher über dieses Kind schon hörten.
Nach all diesen Geschehnissen kehren sie mit ihrem Sohn nach Nazaret zurück. Ihre Reaktion auf die prophetischen Worte im Tempel besteht darin, daß sie in jenem unbedeutenden Flecken als Familie

leben. Damit wird aber dem familiären Zusammenleben ein heilsgeschichtlicher Rang gegeben. Denn hier ist der Ort der Hinführung und Vorbereitung auf den messianischen Auftrag für Jesus. Den zeitlich größten Teil seines Lebens verbringt er im Kreise seiner Familie, um aus diesem Erlebnis heraus sich auf den Weg der Verkündigung und des Heilswirkens zu begeben. An und in seiner Familie wird schon offenbar, was dann nach seiner Zeit in Nazaret für alle gültig werden wird, die ihm folgen: Die Erkenntnis seiner messianischen Sendung, die über alle familiäre Beziehungen hinausreichende Bezogenheit auf den himmlischen Vater, die Erfüllung des Gesetzes in Gehorsam und die Einbeziehung in den Dienst des Menschensohnes, selbst unter dem Zeichen des durchbohrenden Schwertes. All dies geschieht an und in seiner Familie zur Ehre Gottes und zur Scheidung der Menschen, die sich an seiner Person spalten werden, wie sie auch durch die an Maria und Josef geschehenen Zeichen in eine Entscheidung gerufen wurden.

Auf vieles hat Jesus in seinem Leben verzichtet, nicht aber auf eine Familie. In ihr wuchs er auf. In ihr empfing er all das, dessen er für seine Sendung bedurfte durch die Zuwendung Gottes, der ihn sich wie Maria und Josef erwählt hat. Auch wir, die wir in den Dienst dieses Erstgeborenen gerufen sind, werden durch die Erfahrung familiären Lebens auf unsere Sendung vorbereitet. In der Familie erleben wir, wie wir alle als Kinder des einen Vaters, der im Himmel ist, aufeinander bezogen sind. Die Gemeinschaft der Familie läßt uns – zumindest bruchstückhaft – erkennen, worauf wir uns zubewegen, was uns in der Endzeit erwartet. Damit nährt familiäres Zusammenleben immer neu unsere Sehnsucht nach dem Kommenden und verweist uns auf den, mit dessen Geburt diese Endzeit angebrochen ist. So ist uns am Fest der Geburt Jesu in diese Welt auch schon die Ahnung deren Vollendung geschenkt. Wenn wir uns an Weihnachten und darüber hinaus unserer familiären Zugehörigkeit bewußt werden und sie pflegen, so greifen wir innerhalb unserer menschlichen Möglichkeiten dem auf uns Zukommenden schon vor und bereiten ihm gleichzeitig den Weg. Wie in der Heiligen Familie das Erwartete schon gegenwärtig war, so ist uns in unserer Familie ebenfalls ein Unterpfand kommender Herrlichkeit gegeben. Darum ist uns die Pflege der familiären Bindung aufgetragen. Je mehr wir – weit über Weihnachten hinaus – als Familie leben, desto mehr legen wir Zeugnis ab für eine kommende Welt und für den, der sich die Familie als Ort der Darstellung und Offenbarung seiner Sendung gewählt hat. In unserer Welt Familie zu leben heißt: die Menschen dieser Welt in ihren oftmalig verworrenen Beziehungen auf den Lebensraum zu verweisen, der uns geschenkt ist, in dem Glaube, Liebe, Hoffnung und Segen ihre Heimstatt haben.

Stille

Rosenkranzgebet

Die freudenreichen Geheimnisse (eine Beschränkung auf das 4. und 5. Gesätz ist möglich).

Nach den Gesätzen die entsprechenden Strophen des Liedes »Maria, sei gegrüßt« (GL 590).

Jesus, den du, o Jungfrau, vom Heiligen Geist empfangen hast.

Jesus, den du, o Jungfrau, zu Elisabet getragen hast.

Jesus, den du, o Jungfrau, (in Betlehem) geboren hast.

Jesus, den du, o Jungfrau, im Tempel aufgeopfert hast.

Jesus, den du, o Jungfrau, im Tempel wiedergefunden hast.

Fürbitten

Gütiger Gott. In der Heiligen Familie hast du uns ein Vorbild für eine Gemeinschaft geschenkt, in der Glaube, Hoffnung und Liebe ihre Heimstatt haben. Wir bitten dich:

Laß unsere Familien sich als »Hauskirche«, als häusliches Heiligtum der Kirche erweisen.

Stehe allen Verantwortlichen bei, die sich um das Wohl der Familien kümmern.

Hilf allen, die unter dem Mangel familiärer Geborgenheit leiden.

Schütze und segne alle unsere Familien.

Bestärke sie in ihrem Bemühen, auch als Gebetsgemeinschaft miteinander und vor dir zu leben.

Denn du hast die Familie als Grund- und Lebenszelle der menschlichen Gemeinschaft gewollt und gestiftet. Fördere die Erkenntnis, daß das gemeinsame Gebet ein wesentliches Merkmal der christlichen Familie ist, die sich darin wie in tätiger Liebe als Kirche im kleinen erweist und so dem Vorbild der Hl. Familie folgt. So bitten wir durch Christus, unseren Herrn.

Schlussgebet (Meßbuch S. 45)

Gott, unser Vater,
Bleibe bei uns mit deiner Gnade,
damit wir das Vorbild der Heiligen Familie nachahmen
und nach der Mühsal dieses Lebens
in ihrer Gemeinschaft das Erbe erlangen,
das du deinen Kindern bereitet hast.
Darum bitten wir durch Christus, unseren Herrn.

Segen (Meßbuch S. 570, Nr. 8)

Herr, unser Gott,
erleuchte deine Familie
mit dem Licht der Wahrheit.
Laß uns immer suchen, was dir gefällt,
und tun, was vor dir recht ist.
Darum bitten wir durch Christus, unseren Herrn.

Der Segen des allmächtigen Gottes,
des Vaters und des Sohnes
+ und des Heiligen Geistes,
komme auf euch herab
und bleibe bei euch allezeit. P Amen.

Lied

»Maria, dich lieben« (GL 594, 1., 3. und 5.)

Das Magnifikat

Ab dem 5. Jahrhundert läßt sich die liturgische Verwendung des Magnifikats belegen, das zu Beginn in die Reihe der großen Danklieder des Alten Testamentes eingereiht wurde. Allmählich fand das Magnifikat stärkere Verbreitung im Stundengebet der Mönche, bis es Benedikt für die Vesper vorschrieb. Seit Benedikt bleibt der Lobpreis Mariens wesentlich auf das Christuslob hingeordnet und »ist zum Gebet der Kirche geworden durch alle Zeiten« (MC n. 18). Ist das Magnifikat auch vorrangig Gotteslob, in das ein jeder Glaubende einstimmt, so wird in diesem Lobgesang auch Maria, die darin die Vorbeterin der Kirche ist, als Beispiel für den Glaubenden erfahrbar.

»Maria war trotz ihrer vollen Hingabe an den Willen Gottes keineswegs eine passive Frau, die achtlos an den Dingen dieser Welt vorbeiging, in einer abwegigen Religiosität befangen, sondern eine Frau, die nicht zögerte, Gott zu sagen, daß er der Anwalt der Kleinen und Unterdrückten sei, der die Mächtigen dieser Welt vom Throne stürzt (cf Lk 1, 51–53).

Die Allerseligste Jungfrau enttäuscht viele und wichtige Erwartungen der heutigen Menschen keineswegs, sondern gibt vielmehr das Beispiel eines vollkommenen Christusjüngers, der tatkräftig am Aufbau der irdischen Gesellschaft mitarbeitet und zugleich nach der ewigen Heimat strebt, der eine Gerechtigkeit sucht, die Unterdrückte befreit und ebenso die Liebe übt, die den Bedürftigen zu Hilfe kommt, allem voran aber ein glaubwürdiger Zeuge jener Liebe ist, die Christus in den Herzen der Menschen ›auferbaut‹« (MC n. 37).

Außer in der Vesper wird das Magnifikat als Evangelium an den Festen Mariä Heimsuchung und Aufnahme Mariens in den Himmel in der Liturgie der Kirche gelesen, ebenso am 22. Dezember und als Auswahlperikope für die Motivmesse »Zur Danksagung«.

Da die Vesper in den Gemeinden nicht allgemeine Übung ist, bietet die Liturgie der Gemeinde nur wenige Möglichkeiten, in den Lobpreis Mariens miteinzustimmen. Eine Möglichkeit, um diesem Mangel zu begegnen, findet sich in den von der Liturgiekonstitution des II. Vatikanischen Konzils zu fördern gewünschten Wortgottesdiensten und Andachten. Das nachfolgende Modell einer »Andacht zum Magnifikat« sowie die »Maiandachten zum Magnifikat« von Engelbert Paulus können Anleitungen sein, dem Wunsch der Konzilsväter zu folgen. Des weiteren ist anzuraten, das Magnifikat, welches das »Gotteslob« (GL 127 u. 689) in den Vespern aufführt, in der Eucharistiefeier zur Danksagung nach der Kommunion und vor allem in den Adventsgottesdiensten zu singen.

Wortgottesdienst zum Magnifikat

Eingangslied

»Nun saget Dank« (GL 269, 1.)

Begrüssung:

V. Der Herr sei mit euch.
A. Und mit deinem Geiste.
V. Lasset uns danken dem Herrn, unserm Gott.
A. Das ist würdig und recht.

Einführung

Papst Paul VI. schreibt: »Maria ist ... die betende Jungfrau. Das geht hervor aus dem Besuch, den sie der Mutter des Vorläufers abstattete. Da gab sie ihrem Lobpreis auf Gott, ihrer Demut, ihrem Glauben und ihrer Hoffnung Ausdruck, wie das Magnifikat beweist (cf Lk 1,46–55), das ja das hervorragendste Gebet Marias ist, das Lied der messianischen Zeit, in dem die festliche Freude des alten und neuen Israel zusammenklingt. Denn, so betont der heilige Irenäus: ›Im Lobgesang der allerseligsten Jungfrau Maria strömt die Freude Abrahams, der Christus voraussah‹ (cf Joh 8,56) und die vorweggenommene Stimme der Kirche zusammen: Voll Freude rief Maria aus, indem sie für die Kirche prophezeite: Hochpreiset meine Seele den Herrn« (MC n. 18).

Wechselgebet (GL 783)

V. Gott Vater im Himmel, wir preisen dich für alles, was du geschaffen hast. Wir preisen dich besonders für Maria, die du zur Mutter deines Sohnes erwählt hast. Sie ist unsere Fürsprecherin an deinem Thron. Mit ihr kommen wir voll Vertrauen zu dir.
A. Zu dir, Vater, rufen wir mit Maria.
V. Gott Sohn, Erlöser der Welt, wir danken dir, daß du Maria zu deiner Mutter gemacht hast. Sie hat dir das Leben geschenkt. Sie hat das Wort Gottes gläubig gehört und befolgt. So ist sie unsere Mutter und unser Vorbild geworden.
A. Durch dich, Christus, beten wir mit Maria.
V. Gott Heiliger Geist, du hast Maria mit der Kraft des Höchsten überschattet. So hat sie den Sohn Gottes zur Welt gebracht. Auch uns erfüllst du mit deiner Kraft, damit wir Christus sichtbar machen in dieser Welt.
A. In dir, Heiliger Geist, singen wir mit Maria: / Meine Seele preist die Größe des Herrn, / und mein Geist jubelt über Gott, meinen Retter.
V. Denn auf die Niedrigkeit seiner Magd hat er geschaut. Siehe, von nun an preisen mich selig alle Geschlechter.
A. Denn der Mächtige hat Großes an mir getan, / und sein Name ist heilig.

Lied

»Singt dem Herrn ein neues Lied«
(GL 268, 1. und 4.).

Gebet (Meßbuch S. 747)

Allmächtiger Gott,
du hast die Jungfrau Maria
zur Mutter deines ewigen Sohnes erwählt.
Du hast auf deine niedrige Magd geschaut
und sie mit Herrlichkeit gekrönt.
Höre auf ihre Fürsprache
und nimm auch uns in deine Herrlichkeit auf,
da du uns erlöst hast
durch den Tod und die Auferstehung
deines Sohnes, unseres Herrn Jesus Christus,
der in der Einheit des Heiligen Geistes
mit dir lebt und herrscht in alle Ewigkeit.

Evangelium Lk 1,39–55

Stille

Betrachtung

Daß Frauen zuweilen den »siebten Sinn« besitzen, mag ein Vorurteil, eine belächelte Behauptung sein. Und doch: Hinter dieser Vermutung steht so manche Erfahrung, sei es die der Kinder, der Ehegatten und anderer Nahestehenden, aber auch der Heiligen Schrift. Denn die darin erwähnten Frauen zeichnen sich dadurch aus, daß sie von einer Ahnung, von einem zunächst nicht überprüfbaren Wissen um kommende Dinge ergriffen sind. Dies gilt für das Alte ebenso wie für das Neue Testament.
An Rebekka, die durch ihre Bereitschaft zur Mutter der zwölf Stämme Israels wurde, sei hier erinnert, aber auch an die Prophetin Debora. Als »Mutter in Israel« offenbart sie den Willen Gottes und führt durch ihren vom Wort Gottes getränkten Rat das Volk aus der Bedrängnis in vierzigjährigen Frieden.
Ruth zeichnet sich durch ihre Glaubenstreue aus: »Dein Gott ist mein Gott«. Mit diesem Wort gibt sie den Rückhalt von Vater und Mutter, Heimat und Volk auf und läßt sich auf den ihr zunächst unbekannten Gott vollends ein. Wegen ihrer Entschiedenheit findet sie dann auch im Stammbaum Jesu (bei Matthäus) einen Platz.
Hanna, welche auf inständiges Flehen hin vom Herrn einen Sohn – Samuel – geschenkt bekommt, erkennt das wunderbare Handeln Gottes und gibt diesen Sohn dem Herrn zurück, auf daß dieser dem Herrn als Prophet diene.
Abigajil war erwählt, die Gemahlin Davids zu werden. In freier Entscheidung spricht sie aus, daß sie nur die Magd ihres Herrn sein will. Diese bereitwillige Annahme ihrer Berufung, ihr Gehorsam wie ihre Demut als auch ihr Aufbruch weisen uns hin auf die Frau, die in der Frömmigkeit und Heilsgeschichte einen zentralen Platz einnimmt: Maria. In ihr finden sich alle Ahnungen wie Verhaltensweisen wieder, denen wir in den schon genannten Frauen wie auch in Rizpa, der Mutter aus dem Hause Saul, in der Witwe von Sarepta, in Sara, der Braut des Tobias, und in Judith begegnen: Maria vereinigt deren Glaubenshaltungen und Zeugnis in sich und läßt dies noch einmal als den Boden aufleuchten, auf den das Heilsgeschehen mit Jesus von Nazaret gründet.

In ihr strahlt das Heilshandeln Gottes auf, der durch die Zeiten hindurch sein Volk auf den Anbruch seiner Gottesherrschaft in Jesus Christus hingeführt hat.
Die Ahnung der Frauen war davon erfüllt: Gott läßt nicht ab von seinem Volk, sondern bereitet ihm eine dem menschlichen Geist unvorstellbare Zukunft. Maria spricht, ja, singt diese Heilsgewißheit in ihrem Lobpreis, dem Magnifikat, aus. Nun erfüllt sich, was bislang Ahnung war und wird zur Heilswirklichkeit. Grund genug, Maria zu verehren, lehrt sie uns doch »durch das Beispiel ihrer eigenen Erfahrung und durch Worte, wie man Gott erkennen, lieben und loben soll« (Martin Luther, Vorrede zur Auslegung des Magnifikats).
Mit ihren liturgischen Feiern und ihrem gemeindlichen oder privaten Gebet stimmen die Christen ein in diesen Lobpreis Gottes, zu dem Maria anhob. Der Person und dem Zeugnis Mariens in der liturgischen Frömmigkeit eine zentrale Stellung zukommen zu lassen, heißt: aus der Ahnung göttlichen Handelns herauszutreten in die Wirklichkeit göttlicher Heilsgeschichte. Das »Magnifikat« spricht diese neue Seinsweise als Gewißheit und als eschatologischen Heilsprozeß aus.

Lied

»Den Herren will ich loben« (GL 261, 1. bis 3.)

Gebet (Meßbuch S. 888f.)

Allmächtiger Gott,
wir gedenken der seligen Jungfrau Maria,
die du aus allen Menschen
erwählt und geheiligt hast.
Höre auf ihre Fürsprache
und schenke auch uns Heil und Segen
aus der Fülle deiner Gnade.
Gib, daß auch wir den Reichtum deiner Gnade preisen
und daß sich das göttliche Leben in uns entfaltet.
Darum bitten wir durch Christus, unseren Herrn.

Lobpreis

(Aus Präfationen zusammengestellt; Meßbuch S. 420f., 650f., 750f.)

Lasset uns dem Herrn, unserem Gott, danken
und sein Erbarmen preisen.

Kehrvers »Danket dem Herrn« (GL 688)

Wir wollen dir, Vater,
für die Erwählung der seligen Jungfrau Maria danken und mit ihr das Werk deiner Gnade und deiner Liebe rühmen.

Kehrvers »Danket dem Herrn« (GL 688)

Du hast an der ganzen Schöpfung Großes getan und allen Menschen Barmherzigkeit erwiesen. Denn du hast geschaut auf die Niedrigkeit deiner Magd und durch sie der Welt den Heiland geschenkt, deinen Sohn, unseren Herrn Jesus Christus.

KEHRVERS »Danket dem Herrn« (GL 688)

Durch die Kraft des Heiligen Geistes empfing die Jungfrau dein ewiges Wort, und das Wort wurde Mensch in ihrem Schoß, um unter uns Menschen zu wohnen. So hast du an Israel deine Verheißung erfüllt und den gesandt, den die Völker erwarten, deinen Sohn, unseren Herrn Jesus Christus.

KEHRVERS »Danket dem Herrn« (GL 688)

Als erste emfing die jungfräuliche Gottesmutter von Christus die Herrlichkeit, die uns allen verheißen ist, und wurde zum Urbild der Kirche in ihrer ewigen Vollendung. Dem pilgernden Volk ist sie ein untrügliches Zeichen der Hoffnung und eine Quelle des Trostes.

KEHRVERS »Danket dem Herrn« (GL 688)

Vater unser – Gegrüßet seist du – Ehre sei dem Vater

SEGEN (Meßbuch S. 554 f.)

Gott, der allmächtige Vater, segne euch durch den Erlöser der Welt, unseren Herrn Jesus Christus, den Sohn der jungfräulichen Mutter Maria.
A. Amen.

Sie hat den Urheber des Lebens geboren; ihre mütterliche Fürsprache erwirke euch Gottes Hilfe.
A. Amen.

Euch und allen, die heute ihr Gedächtnis begehen, schenke Gott die wahre Freude und ewigen Lohn.
A. Amen.

Das gewähre euch der allmächtige Gott, der Vater und der Sohn und der Heilige Geist.

ENTLASSUNGSWORT

Sinn jeder Marienverehrung muß es sein – nach ihrem eigenen Vorbild und Leitbild –, die Großtaten Gottes zu preisen und sich auf Christus, auf sein Wort und Werk, einzulassen. Von daher findet sich im »Magnifikat« geradezu ein »Programm« jeglicher Marienverehrung, und dieser Lobpreis sollte in den Frömmigkeitsübungen einen zentralen Ort haben, auf daß in allem, besonders in ihr, Christus sichtbar werde als unser Erlöser, als unser Heilsgeschenk, geboren aus der Jungfrau und Gottesmutter Maria.

LIED:
»Meerstern, sei gegrüßet« (GL 578, 1., 2. und 4.)

Maiandachten zum Magnifikat

Erste Maiandacht
»Lobpreis Gottes – vornehmste Pflicht des Christen«

ERÖFFNUNGSLIED (GL 258)

Lasset uns diese Maiandacht beginnen: »Im Namen des Vaters und des Sohnes und des Heiligen Geistes. Amen«, mit dem Lobpreis des dreifaltigen Gottes.

LOBPREIS DES DREIFALTIGEN GOTTES (GL 783)

EINFÜHRUNG

Liebe Gemeinde!
»Ich bin die Magd des Herrn; mir geschehe, wie du gesagt hast« (Lk 1,38), antwortete Maria, als ihr der Engel die Geburt Jesu verkündet. Sie lobt Gott, obwohl sie das, was geschieht, nicht gänzlich fassen kann. Sie vertraut Gott – ja, sie vertraut sich Gott an. Sie läßt es sich gefallen, daß es Gott gefällt, seinen Sohn in diese Welt zu senden. Sie bejaht bedingungslos die Geburt des Sohnes Gottes. Sie läßt sich durch den Engel von Gott ansprechen und in Anspruch nehmen. Sie stellt sich dem Anspruch mit ihrem ganzen Leben, weil sich Gott ihr und allen Menschen in seinem Sohn zugesprochen hat und zuspricht. Sie wird, ist und macht sich zur Magd des Herrn und lobt Gott. Ihr Leben, ihr Dienst, im Heilsplan Gottes ist Lob Gottes.
Ein schöner Lobpreis Gottes findet sich im Neuen Testament und wird von Lukas Maria zugeschrieben. Dieser Lobpreis Mariens, das Magnifikat, soll Thema unserer Maiandachten sein. Entlang der einzelnen Verse werden wir in unseren Maiandachten in den Lobpreis Mariens einstimmen und Gott loben, von Maria angeleitet und begleitet.

MARIANISCHES KERNGEBET (GL 32,1.)

LESUNG (Lk 1,39–56)

LIED (GL 261)

BETRACHTUNG

Liebe Schwestern und Brüder. Zwei schwangere Frauen treffen sich auf der Straße und kommen ins Gespräch. Geburtstermin, Schwangerschaftsverlauf, Geburtsvorbereitung, Namensgebung, Kleidung, Ausstattung, Entbindung im Krankenhaus oder zu Hause, Schwangerschaftsgymnastik, Beschwerden und vieles mehr sind die Themen eines solchen Gesprächs.
Anders verläuft die Begegnung zwischen Elisabeth und Maria. Das soll nicht heißen, daß sie sich nicht auch über diese Dinge ausgetauscht haben, zumal sie ja drei Monate zusammen waren. Es scheint aber nicht wichtig zu sein. Vielmehr liegt das Haupt-

augenmerk der Erzählung auf der Begegnung der beiden Frauen – Elisabeth und Maria.
Dies ist eine Begegnung, in der Heilsgeschichte geschrieben wird, in der zur Sprache kommt, was die Erwartung der beiden ausmacht und was das Besondere an den beiden Kindern ist, die sie austragen. Diese ihre Kinder sind, obwohl noch nicht geboren, gekennzeichnet, ja ausgezeichnet durch die Beziehung Gottes zu ihnen und ihren Eltern: Johannes ist der Vorläufer Jesu; sein Vater, der an dem Wunderbaren zweifelt, ist ein rechtschaffener und gesetzestreuer Jude; Jesus ist der Messias und Erfüller des Heiles, das Johannes im Gefolge der Propheten und des Alten Testamentes und im Blick auf den, der kommt kündet; Maria, Jesu Mutter, glaubt an das, was ihr verkündet wird, und vertraut dieser Kunde. »Selig ist die, die geglaubt hat, daß sich erfüllt, was der Herr ihr sagen ließ« (Lk 1,45), sagt Elisabeth und benennt damit genau den Unterschied zwischen Zacharias, ihrem zweifelnden Mann, und Maria, der glaubenden und vertrauenden Jungfrau und Gottesmutter. Aber mehr noch sagte Elisabeth über Maria aus, als das Kind in ihrem Leib hüpfte und sie der Heilige Geist erfüllte. Sie pries Maria: »Gesegnet bist du mehr als alle anderen Frauen, und gesegnet ist die Frucht deines Leibes. Wer bin ich, daß die Mutter meines Herrn zu mir kommt? In dem Augenblick, als ich deinen Gruß hörte, hüpfte das Kind vor Freude in meinem Leib« (Lk 1,42–44).
Maria scheint von diesem Lobpreis gar nicht angetan. Sie sonnt sich nicht in ihrer besonderen Stellung und ihrer Majestät. Vielmehr weiß sie diesen Lobeshymnen, die ihr, der Mutter des Herrn, der Mutter Gottes, gelten, mit dem eigentlichen Lob zu begegnen. Sie stimmt ein in den Lobpreis Gottes. Gott ist es, dem ihr Dienst, ihr Lob, ihr Leib, ihr Leben gebühren; denn sie weiß ihm zu danken, was sie ihm schuldet. Maria weiß, daß sie, die von Elisabeth seliggepriesen wird, nicht der eigentliche Adressat dieser Preisungen ist. Sie gibt den Lobpreis weiter und läßt ihn einmünden in das Magnifikat, von dem Luther wünscht, »daß es nicht allein leuchte und rede, sondern brenne und lebe in Leib und Seele«. Für Maria ist es zum Programm ihres Lebens geworden, die Größe Gottes zu preisen und ihn zu loben.

Gebet zu Maria (GL 783, 8.)

Lied (GL 594, 1. bis 3.)

Segensgebet

Lasset uns beten: Gott, Vater im Himmel, Maria ist ausgezeichnet dadurch, daß sie unter ihrem Herzen deine göttliche Liebe zu uns Menschen trug. Ja, sie lebte diese Auszeichnung als Lobpreis deines Namens. Laß auch uns in der Nachfolge deines Sohnes und unter der Fürsprache Mariens dich loben und diesen Lobpreis zum Programm unseres Lebens machen. Dazu verhelfe und segne uns der dreifaltige Gott: der Vater und der Sohn und der Heilige Geist. Amen.

Schlusslied (GL 595)

Zweite Maiandacht
»Meine Seele preist die Größe des Herrn«

Eröffnungslied (GL 486)

»Laß auch uns in der Nachfolge deines Sohnes und unter der Fürsprache Mariens dich loben und diesen Lobpreis zum Programm unseres Lebens machen.« Mit dieser Segensbitte unserer letzten Maiandacht laßt uns heute beginnen: im Namen des Vaters und des Sohnes und des Heiligen Geistes. Amen.
»Meine Seele preist die Größe des Herrn.« Laßt uns die Größe des Herrn preisen und unseren Glauben an den dreifaltigen Gott bekennen, der das Leben ist, Leben schenkt, Leben erhält und zu neuem Leben erwählt.

Lobpreis des dreifaltigen Gottes (GL 489)

Einführung

Liebe Schwestern und Brüder im Herrn. Mit Maria, die sich Gott anvertraute und in seinen Dienst zum Heil der Menschen trat, haben wir Gottes Größe gepriesen. Wir haben ihn gepriesen als den dreifaltigen Gott, als das überfließende Leben von Vater, Sohn und Heiligem Geist. Sie haben in vollendeter Liebe zueinander die Welt und uns Menschen geschaffen, geben der Schöpfung Anteil an ihrem Leben und an ihrer Liebe und werden nie müde, ihre Anteilgabe uns Menschen immer neu anzubieten, auch wenn der Tod unserem Leben endgültig und dabei oft so schrecklich und grausam, so erschütternd und zerstörerisch das Ende setzt. Auf das Angebot Gottes, ihn im Tod von Angesicht zu Angesicht zu schauen, dürfen wir – so haben wir im Glaubensbekenntnis gesungen – vertrauen. Deswegen bemühen wir uns mit Maria, die die Größe Gottes mit ihrem ganzen Leben pries, ebenso Gottes Größe zu preisen, die angesichts des Todes noch Leben zuzusprechen vermag. Und dennoch zweifeln wir oft an Gottes wunderbarer Größe wegen des Leides in der Welt; ja manchen Menschen vermag Gottes »unnahbare« Größe sogar Schrecken einzujagen und treibt sie in vermeintlicher Sinnlosigkeit zur Verzweiflung.
Wie können wir, die wir zweifeln an Gott und an uns und sündigen gegen uns und unsere Mitmenschen, der Möglichkeit und Wirklichkeit der Verzweiflung begegnen? Was ist die Größe, die zu preisen unsere Lebensaufgabe ist, der wir uns verdanken und der wir bittend gegenübertreten können? Diese Fragen zu beantworten und die Antwort zu leben, darum bemühen wir uns, wenn wir das Magnifikat in kleinen Schritten bedenken und in den Lobpreis Mariens einstimmen. Denn der Lobpreis Gottes soll Programm unseres Lebens werden.
Liebe Schwestern und Brüder. Wollen wir mit Maria die Größe des Herrn preisen und soll dieser Lobpreis Aufgabe und Ziel unseres Lebens sein, dann beanspruchen wir damit, die Frage nach dem Sinn unseres Lebens beantworten zu können. Da wir aber oft schwach sind und Fehler begehen, stellen wir uns unter den Schutz Mariens und beten zu ihr:

Marianisches Kerngebet (GL 2, 6.)

Lesung (Gen 1,1–2, 4a)

Lied (GL 294, 1. und 3.)

Betrachtung

In der ersten Maiandacht durften wir erfahren, wie Gott die Begegnung zweier Frauen bestimmte, indem er sich in seinem Sohn Maria und durch Maria allen Menschen zuwendet. Diese Zuwendung, das großartigste Geschehen Gottes mit und für seine Schöpfung, brachte den Durchbruch des Heiles in der Welt, welches von Gott in der Schöpfung bereits grundgelegt und angeboten wurde. Um die Größe Gottes und die Großartigkeit der Menschwerdung des Gottessohnes erahnen zu können, wenden wir heute unseren Blick auf Gott, den Schöpfer des Himmels und der Erde. Dazu vergegenwärtigen wir uns, was es wohl heißen mag, daß Gott, als er alles ansah, was er gemacht hatte, sah, daß es sehr gut war, ja ist.
Im Mittelalter und zum Beginn der Neuzeit schlugen sich Philosophen und Theologen mit den quälenden Gedanken herum, ob Gottes Schöpfung die beste aller möglichen und denkbaren Schöpfungen sei oder ob Gott nicht auch eine andere und bessere Schöpfung hätte schaffen können. Fragen, die zu wildesten Spekulationen in der Philosophie- und Theologiegeschichte führten. Mit diesen Fragen stellt man zumindest indirekt Gottes Größe und damit Gott selbst in Frage, auch wenn die Niedrigkeit der Schöpfung gegenüber Gott, ihrem Schöpfer, deutlich werden sollte. Die Niedrigkeit der Schöpfung wurde deutlich und führte geistesgeschichtlich dazu, den doch absolut überlegenen und daher fernen Gott nun auch ganz aus der Schöpfung zu entfernen und fernzuhalten, um seine absolute Majestät nicht zu berühren. Daß Gott damit totgesagt werden mußte angesichts der Realität des Todes und der Mensch sich zum Herrn der Welt erhob, sich im Blick auf die Gottverlassenheit der Schöpfung dazu berechtigt sah, hatte für den Umgang des Menschen mit der Schöpfung weitreichende Folgen.
Dank seiner Denkfähigkeit ist der Mensch der übrigen Schöpfungswirklichkeit überlegen und weiß sich durch den Schöpfungsauftrag: »Machet euch die Erde untertan« (Gen 1,28) zum scheinbar uneingeschränkten Herrn der Schöpfung bestimmt. Seiner Bestimmung sucht der Mensch gerecht zu werden, indem er nach der kopernikanischen Wende als der neue Nabel der Schöpfung versucht, die Natur zu beherrschen, die Naturkräfte einzugrenzen, Einsicht in und Gewalt über die Naturgesetze zu gewinnen und sie technisch nutzbar zu machen. Der Mensch sucht die Schöpfung verfügbar zu machen und seinem Maßstab zu unterwerfen.
Im Gegensatz dazu steht die Aussage der Heiligen Schrift, der Mensch sei nach dem Bild und Gleichnis Gottes geschaffen. Was besagt, daß der Mensch Abbild Gottes ist? Was folgt daraus für unser Verständnis vom Menschen? Was bedeutet dies für das Tun des Menschen, wenn Gott schafft und der Mensch herstellt und macht? Der Unterschied zwischen dem

Schaffen Gottes und dem Herstellen des Menschen liegt in der Beziehung zu dem Geschaffenen bzw. Hergestellten. Dies gilt sowohl für das Grundanliegen des Schaffens wie auch für die durch das Schaffen eingegangene Beziehung zu dem Geschöpf. Etwas überspitzt formuliert: Gott schafft und vollendet, wir Menschen machen, gebrauchen, nützen aus und zerstören, verlieren die Kontrolle und Herrschaft, kümmern uns nicht mehr und verkümmern selbst zu Einsamkeit, Leblosigkeit und Lieblosigkeit. Und sollten wir uns noch kümmern und sorgen, das Produkt unserer Arbeit hegen und pflegen, dann gerade, weil eine Beziehung existiert zwischen dem Hersteller und dem Hergestellten. Diese Beziehung ist aber erst dann wert, Gleichnis der Beziehung Gottes zu seiner Schöpfung genannt zu werden, wenn im Schaffen der Schöpfer, d.h. wir, mit liebender Hingabe uns in unserem Geschöpf mitteilen. Denn Gott teilte sich in seiner Schöpfung mit als der, der seine Schöpfung in unbedingter Liebe ins Leben ruft, freisetzt in die lebendig personale Beziehung zu sich, die Schöpfung entläßt, ohne sie sich selbst zu überlassen und damit zu verlassen. Gottes unbedingte Liebe zu seiner Schöpfung bindet sich gerade nicht aufgrund von Äußerlichkeiten, Gebrauchswert und Nutzbarkeit, die das »Geliebte« liebenswert erscheinen lassen, sondern seine Liebe macht liebenswert, indem sie unbedingt liebt und sich nicht an vergängliche Schönheit bindet.

Die göttliche Liebe währt ewig als die Liebe des Vates und des Sohnes und des Heiligen Geistes; diese Liebe erst macht liebenswert, läßt liebenswert sein, was augenscheinlich alles andere als liebenswert ist. Erklärt Gott seine Liebe zu seiner Schöpfung, als er sieht, daß alles, was er gemacht hat, gut, ja sehr gut ist, geht er eine wirkmächtige und immerwährende Treuebindung ein. Gott ist und bleibt sich treu; dies ist die sicherste und beste Gewähr für seine Schöpfung. Gott will und gibt seiner Schöpfung Leben.

Gebet zu Maria (GL 783, 2.)

Lied (GL 865, 1., 2. und 4.)

Segensgebet

Lasset uns beten. Dreifaltiger Gott, in deiner grenzenlosen Liebe hast du diese Welt und den Menschen geschaffen und dich an deine Schöpfung in Liebe und Gnade gebunden. Dieses Band deiner göttlichen Liebe lasse zum Segen für uns und alle Menschen werden: im Namen des Vaters und des Sohnes und des Heiligen Geistes. Amen.

Schlusslied (GL 578, 1., 3., 6. und 7.)

Dritte Maiandacht

»Und mein Geist jubelt über Gott, meinen Retter«

Eröffnungslied (GL 106)

Gottes Liebe macht liebenswert, indem sie das, was sie liebt, unbedingt liebt. Was dies im Blick auf den Menschen und die gesamte Schöpfung aussagen soll, schauen wir heute anhand von Zeugnissen des Alten Testamentes. Ein Schauen, welches unser Ja und unser Leben einfordert: im Namen des Vaters und des Sohnes und des Heiligen Geistes. Amen.

Lobpreis des dreifaltigen Gottes (GL 711, 2.)

Einführung

»Dieses Band deiner göttlichen Liebe lasse zum Segen für uns und alle Menschen werden«. Mit diesem Segenswunsch beschlossen wir unsere letzte Maiandacht, in der wir erfahren durften, daß die göttliche Liebe Motiv und Ziel der Schöpfung ist. Wie zeigt sich aber in und an der Schöpfung diese immerwährende Liebe Gottes? Worin teilt sich diese Liebe als der Garant des Menschen mit; zumal eines Menschen, der sich in Überheblichkeit und Eitelkeit gegen Gott und gegen seine Mitmenschen erhebt und sein will, was Gott ist: das Maß der Schöpfung?
Das Alte Testament ist die Geschichte der Heilsgemeinschaft Gottes mit dem Volk Israel und darin mit der ganzen Menschheit. Gott steht seinem Volk bei; sichert Macht und Nachkommenschaft; befreit aus der Knechtschaft Ägyptens; erweist sich als der Gott, der da ist; streitet gegen die Übermacht der Feinde; begleitet sein Volk ins Exil, um es nach Jerusalem zurückzuführen. In vielen Geschichten zeugt das Alte Testament von dem Gott, der da ist; indem er da ist, ist er der Retter und Bewahrer seiner Schöpfung. Er ist aber nicht nur da, um die Dummheiten seines Volkes und der Menschen auszubügeln, sondern er ist der Gott, der unbedingten Glauben und die Befolgung seiner Gebote fordert.
Wird Gott von den Menschen verleugnet, tanzt sein Volk um ein allzu greifbares »Goldenes Kalb« und jubelt Götzen zu, kann Gott strafen. Aber nicht strafen, um zu vernichten, sondern um hinauszuweisen und herauszuführen aus dem Kreislauf der Sünde. Eine Erzählung, in der die ganze Bandbreite und Dramatik dieser Erfahrungen einerseits als ein Kampf Gottes mit sich und andererseits als das Bemühen des Menschen um das rechte Gottesverständnis deutlich wird, ist die Sintflutgeschichte. Am Anfang dieser Geschichte stehen Sünde des Menschen und der Zorn Gottes, der sich äußert in dem vermeintlichen Urteil, den Menschen und mit ihm die ganze Schöpfung auszutilgen. Diesem Todesurteil stehen am Ende die Errettung aus dem Chaos und vor den Fluten des Todes und der Bundesschluß mit Noach und der ganzen Schöpfung gegenüber.

Marianisches Kerngebet (GL 32, 1.)

Lesung (Gen 6,5–8)

Die Geschichte der Sintflut ist hinreichend bekannt. Wir wissen, daß Noach auf Befehl Gottes eine Arche baut und seine ganze Familie und je ein Pärchen jeder Tierart mit in die Arche nimmt. Dann brechen aus allen Toren des Himmels und aus den Quellen der großen Urflut die Wasser hervor. Nachdem das sündige Leben auf der Erde von den Wassermassen vertilgt, die Wasser zurückgeflossen und die Erde getrocknet waren, verläßt Noach mit seiner Familie und den Tieren wieder die Arche, baut einen Altar und bringt Gott Brandopfer dar. Gott, von der Rechtgläubigkeit Noachs überzeugt, segnet Noach und seine Söhne, wiederholt den Schöpfungsauftrag und schließt einen Bund mit Noach.

Lesung (Gen 9,8–16)

Lied (GL 291)

Betrachtung

Die Spannung ist groß, die hier von den beiden Lesungen gezeichnet wurde. Auf der einen Seite der Wunsch Gottes, den sündigen Menschen und mit ihm alle Lebewesen auszutilgen. Auf der anderen Seite der Bundesschluß mit Noach und der Segen über Noach und seine Nachkommen. Was für eine Dramatik scheint hier das Verhältnis Gottes zu seiner Schöpfung zu bestimmen. Ein Gott, der allmächtig und allwissend ist, der befindet, daß alles, was er gemacht hat, sehr gut ist, läßt sich hinreißen in seinem Zorn, ein Todesurteil über diese Schöpfung zu sprechen. Und dennoch kann dieses Aufwallen scheinbar grenzenlosen Zornes den Segen Gottes über den Menschen nicht beseitigen.
Im Schöpfungsbericht hörten wir: »Gott schuf den Menschen nach seinem Abbild; als Abbild Gottes schuf er ihn. Als Mann und Frau schuf er sie. Gott segnete sie, und Gott sprach zu ihnen: Seid fruchtbar und vermehret euch, bevölkert die Erde, unterwerft sie euch (...)« (Gen 1,27–27). Diesen Segensspruch wiederholt Gott im Bundesschluß mit Noach. Mehr noch: Gott schließt einen festen Bund und konkretisiert damit seinen Segen in einer beiderseitigen Verpflichtung. Für den Bestand des Bundes sind beide Seiten verantwortlich. Von der Erhaltung und Bewährung dieses Bundes kann die Existenz und das Wohl der Bundespartner abhängen. Wird der Mensch bedroht, sei es von Menschen, von Mächten und Gewalten, dem Tod oder dem Fluch der Sünde, so liegt es auch an Gott, diese Bedrohung abzuwehren. Damit scheint sich Gott nun aber zwischen alle Stühle gesetzt zu haben. Wenn sich Menschen bedrohen und Gott ist getrieben von dem Verlangen und der Sehnsucht, alle Menschen mit sich und untereinander zu versöhnen, dann scheinen damit wiederum die Umtriebe der Sünde gerechtfertigt und reingewaschen zu sein. Gott geht es nun aber gerade nicht um die Bewahrung der Sünde, sondern um die Heiligung und Vollendung

der Menschen in seinem Reich. Ist Gott von diesem Verlangen getrieben, so geht es damit um mehr als um den physischen Bestand einer Sache. Diese Einsicht hat Konsequenzen und kann als das äußerste Opfer, zu dem Menschen fähig sind, fordern: das eigene Leben hinzugeben für andere Menschen. Was wir Menschen damit erreichen, ist nicht die Beseitigung des Todes, sondern höchstens die Errettung aus einer Todessituation, und damit die unbestimmte Verlängerung des Lebens eines anderen. Da das Bemühen des Menschen wider den Tod und die Sünde nur lebensverlängernd sein kann, wird nun auch deutlich, zu was sich Gott in seinem Bundesschluß verpflichtet. Seine Liebe, sein Leben sind herausgefordert, sich in seinem Bemühen um das Heil der Menschen der Auseinandersetzung mit Sünde und Tod zu stellen.

Im Alten Testament wird das Bemühen in einer Fülle von Geschichten und Auseinandersetzungen Gottes zum Heil des Menschen bezeugt. Einmal wird Abraham aufgefordert, Land und Heimat zu verlassen in eine ungewisse Zukunft hinein. Aber damit nicht genug: Ist Abraham im Land und seine Frau gebiert ihm in hohem Alter noch einen Sohn, die Sicherung der Nachkommenschaft und des Alters, soll Abraham diesen seinen einzigen Sohn, den er liebt, seine Lebensgarantie, Gott opfern. Was ist das nun für ein Gott, der zur Wahrung des Bundes Menschenopfer verlangt?

Wie wir wissen, weist Gott das so verstandene Opfer zurück, segnet zum andern den gottesfürchtigen Abraham und macht ihn zum Urvater des Volkes Israel. Forderung und Segen, gottesfürchtiger Lebenswandel und Bund, hohes Alter und Nachkommenschaft, Land, mit Gott den Fragen der Zeit begegnen, nicht eigenmächtig und hochmütig handeln, sondern in Berufung auf Gottes Ratschluß, in der Auseinandersetzung mit Gott den rechten Weg finden und gehen, davon legt die Geschichte des Volkes Israel mit seinem Gott Zeugnis ab. Gott rettet und richtet den Blick des Menschen auf Gott, als den Gott, der sich zuspricht und hilft, errettet und befreit, herausführt und stärkt; als den Gott der Schöpfung, der seine Schöpfung in der Zeit bewahrt und in Liebe vollendet; als den Gott Jesu Christi.

Lauretanische Litanei (GL 769,4.,5.,7.)

Lied (GL 294)

Segensgebet

Lasset uns beten: Allmächtiger Gott, du hättest die Möglichkeit, deine Schöpfung, die du in Liebe geschaffen hast, wieder zu vernichten; aber nicht Vernichtung ist ihr Ziel, sondern Bewahrung durch dich und ihre Vollendung in dir. Noach und Abraham, beide gottesfürchtig und opferbereit, haben Gnade bei dir gefunden. Bewahre auch uns in deiner Gnade. Darum bitten wir durch Christus, unseren Herrn. Amen. Der Segen Gottes des Vaters und des Sohnes und des Heiligen Geistes komme auf uns herab und bleibe bei uns allezeit. Amen.

Vierte Maiandacht

»Denn auf die Niedrigkeit seiner Magd hat er geschaut. Siehe, von nun an preisen mich selig alle Geschlechter«

Eröffnungslied (GL 668)

»Gott rettet und richtet den Blick des Menschen auf Gott, als den, der sich zuspricht und hilft, errettet und befreit, herausführt und stärkt; als den Gott der Schöpfung, der seine Schöpfung in der Zeit bewahrt und in Liebe vollendet; als den Gott Jesu Christi.« Als Konsequenz des Bundesschlusses Gottes mit Noach sucht Gott die Auseinandersetzung mit Sünde und Tod. Diese Auseinandersetzung ist getragen von Gottes unbedingtem Willen zum Heil der Schöpfung in seiner heilswirksamen lebendigen Liebe, der Liebe des Vaters und des Sohnes und des Heiligen Geistes. Amen.
Lasset uns beten zu Gott, der in seiner Liebe und Treue zu uns dieser Welt den Erlöser schenkt:

Lobpreis des dreifaltigen Gottes (GL 717)

Einführung

Liebe Schwestern und Brüder. »Herr, deine Treue will ich künden in der Gemeinde«, haben wir im Psalm 22 gebetet. Aber haben wir damit überhaupt schon das Wunderbare der Inkarnation, der Menschwerdung Gottes in seinem Sohn Jesus Christus aus der Jungfrau Maria, empfangen von Heiligem Geist, erfaßt? Wie sich gerade in der Menschwerdung des Sohnes die wahre Größe Gottes zeigt, werden wir in der nächsten Maiandacht näherhin schauen. Denn bevor wir unseren Blick auf die eigentliche Erniedrigung und das Offenbarwerden der Menschlichkeit lenken werden, wollen wir heute beispielhaft am Umgang Gottes mit Maria erfahren, wie und daß Gott die Freiheit des Menschen und somit seine Würde voll achtet. Dies hat seinen inneren Grund in Gottes Bereitschaft, sich auf den Menschen einzulassen und sich damit zu verlassen. Sofern Gott frei ist und bleibt, wird der Mensch zur Freiheit und Verantwortung für seine Freiheit berufen. Denn die Menschwerdung Jesu Christi setzt bereits das unbedingte Ja Christi zu seiner Menschwerdung voraus. Sehr schön hat dieses Ja zu Menschwerdung und Geburt Kurt Marti ausgedrückt:

»geburt

ich wurde nicht gefragt
bei meiner zeugung
und die mich zeugten
wurden auch nicht gefragt
bei ihrer zeugung
niemand wurde gefragt
außer dem Einen
und der sagte

ja

ich wurde nicht gefragt
bei meiner geburt

und die mich gebar
wurde auch nicht gefragt
bei ihrer geburt
niemand wurde gefragt
außer dem Einen
und der sagte

ja«

Diesem »Ja« des präexistenten Gottessohnes entspricht auf seiten der sündigen Menschheit das im Heilswillen Gottes gründende Ja Mariens.

Marianisches Kerngebet (GL 32, 2.)

Lesung (Lk 1, 26–38)

Lied (GL 143)

Betrachtung

Liebe Schwestern und Brüder. Zu Beginn unserer Betrachtung über den Vers des Magnifikat: »Denn auf die Niedrigkeit seiner Magd hat er geschaut. Siehe, von nun an preisen mich selig alle Geschlechter« möchte ich daran erinnern, was wir in den vergangenen Maiandachten im Lichte des Glaubens von Gottes Liebe erfahren durften. Die Liebe des dreifaltigen Gottes von Vater, Sohn und Heiligem Geist ruft die Schöpfung ins Dasein, erhebt den Menschen als Abbild Gottes zum Sachwalter in dieser Schöpfung. Der Mensch aber, vom Geruch der Macht getrieben, erhebt sich zum Maß der Schöpfung, beansprucht Ansehnlichkeit und Ansehen, verbannt Gott, den wahren Grund seines Seins, aus Gottes eigenem Reich, proklamiert die Gottverlassenheit der Welt und untermauert damit seinen Machtanspruch über die Schöpfung und die Mitmenschen. Der Mensch sucht sich in sich selbst zu begründen bzw. aus der Natur und Evolution abzuleiten, einer Natur, die er, indem er gestaltend in sie eingreift, zur Kultur umgestaltet, zum Kulturprodukt macht.

Der Mensch bedarf Gottes nicht mehr; er darf Gottes nicht mehr bedürfen, will er seinen Machtanspruch mit eigener Stärke durchsetzen; er macht sich seinen Gott und seine Götzen. Dieser Anfechtung Gottes durch den Menschen begegnet Gott einerseits mit Strafe, indem er den Menschen, der das Gesetz des Stärkeren mit aller Macht und ohne Rücksicht auf Verluste umzusetzen sucht, in des Menschen eigenes Verderben rennen läßt. Die Chaosmächte des Todes brechen wieder hervor; Mächte, die, wie wir im Schöpfungsbericht hörten, von Gott gebannt und geordnet waren in der Wohlordnung der Schöpfung.

Gott, durch die Sünde des Menschen beschämt, ist in einen inneren Kampf zwischen Recht und Liebe versetzt. Er könnte den Menschen bei dessen Anspruch behaften und in das Spiel von Kraft und Stärke einsteigen, dem Menschen mit Macht begegnen und ihn vernichten. Aber nicht Vernichtung ist das Ziel der Schöpfung, sondern deren Eingehen in die Gemeinschaft Gottes.

Wie aber sollte der Mensch, gefangen von der Erbschuld der Sünde, aus seiner Verstrickung in Sünde und Tod wieder herausfinden, wenn er alle Heilsangebote Gottes zurückweist, im Säuseln des Windes verwehen läßt, nachdem die Erinnerung an Errettung und Bestimmung des Menschen wieder verblaßt, ja Gott nicht Retter sein kann, sondern Zufälligkeiten und besondere menschliche Leistungen Gefahrensituationen bestehen halfen?

Wir lassen uns von Alltäglichkeiten und Selbstverständlichkeiten einholen und vergessen unsere eigentliche Bestimmung. Wir werden träge oder blind vor lauter Arbeit, verlieren unseren Anspruch aus den Augen, oder schrauben ihn, wenn er uns allzusehr mahnen sollte, zurück. In diese Welt und in die Auseinandersetzung mit dem Hin und Her von Leichtlebigkeit und Ernst begibt sich Gott durch die Jungfrau Maria: der Gott, der Macht mit Liebe begegnet, mit Liebe, die er selbst ist. Die Macht Gottes, will sie nicht Vernichtung, ist der Wille der Bewahrung, ist die Bestimmung zum Heil und zur Vollendung, ist die unbedingte Liebe zum Menschen. Gott setzt Macht und Bemächtigung Liebe, versöhnende Liebe entgegen; eine Liebe, die befreit aus den Zwängen und Unterdrückungen der Macht. Sie befreit zu menschlicher Schwäche und der unbedingten Achtung dieser Schwäche. Sie läßt den Menschen frei zu unvoreingenommener Begegnung, zu Achtung seiner selbst und der andern. Den andern achten können und sollen wir, weil wir geachtet sind.

Damit behaupte ich, daß Gott das christliche Zentralgebot in der Menschwerdung seines Sohnes verwirklichte: »Du sollst deinen Nächsten lieben, wie dich selbst.« Gott nahm die Schöpfung und uns Menschen als seine Nächsten an. Er ist und bleibt sich nicht allein der Nächste. Sondern Gott will uns der Nächste sein. Ja, er ist uns nahe. Er ist uns sogar näher, als wir uns nahe sein können. Wir mögen denken: für Gott ein leichtes. Aber daß dies Gott bedeutend mehr als nur ein leichtes abverlangte, soll uns noch aufgehen. Hier nur soviel: Es ist nämlich sicher für den Augenblick einfacher, mal ein richtiges »Donnerwetter« loszulassen und die Menschen zu strafen und sich abzureagieren. Aber Gott, den die Sintflut und der Ruf nach Vernichtung reut, geht den Weg der um Liebe werbenden Liebe. Er bietet sich liebend uns Menschen zur Gegenliebe an. Er wirbt liebend für seine Liebe.

Ausdruck für diese Werbung um Liebe ist die Erzählung von der Verkündigung der Geburt Jesu, die wir soeben in der Lesung hörten. Gott wirbt durch den Engel bei Maria um ihre Liebe, indem er Maria seine Liebe schenkt, ihr seine Gnade zukommen läßt. Diese Begnadung heißt aber nicht, daß damit ein Mechanismus in Bewegung gesetzt wurde, sondern an Marias Ja und ihre Freiheit, an ihre Verantwortung gegenüber dem Liebesbegehren Gottes wird appelliert.

Maria antwortet der Ankündigung nicht mit dem heute und in den vergangenen 70er Jahren so aktuellen Slogan vom Recht auf den eigenen Bauch und der alleinigen Verfügungsgewalt. Maria weiß, daß sie ihren Körper lebensspendend in Dienst stellen kann. Sie lebt ihre Demut Gott gegenüber, die sie als

die Niedrigkeit einer sich bejahend und frei in den Dienst am neuen Leben stellenden Frau vollzieht. Ihr Dienst, den sie im Ja zur Verheißung der Geburt des Gottessohnes verantwortungsvoll ausübt, ist die Annahme des Kindes in ihrem Bauch. Indem sie dem in ihrem Bauch wachsenden und sich entfaltenden Leben als liebende Mutter begegnet, preist sie Gott und wird zum Vorbild einer Mutter; sie verwirklicht ihre Bestimmung als Frau zur Mutter und scheut sich im Blick auf Äußerlichkeiten nicht, Verantwortung zu übernehmen; denn sie weiß darum, daß sich der gebärende Leib auch einer Mutter und deren liebender Zuwendung verdankt.
Gott hat Maria nicht vergewaltigt und überrumpelt, sondern sie ihrer Bestimmung zugeführt, die sie frei bejahte. Denn Maria, geboren zur Frau und Mutter, weiß sich und ihren Leib hingeordnet auf Geburt und Erziehung. Maria ordnet sich in ihrem Ja voll ihrem Bauch zu, der Leben austrägt. Durch dieses Ja kann sie Vorbild für uns Menschen sein – und dies nicht nur für Frau und Mutter, sondern entsprechend auch für Mann und Vater.
Dem Ja Mariens ging das Ja Jesu Christi voraus, wie wir in der Einführung erfuhren; und dennoch kann gerade das Ja Mariens zum Inhalt von Lob und Dank der Kirche und der Menschheit werden. Denn nicht irgendein menschliches Leben wurde von Maria ausgetragen, sondern das Leben Jesus Christus.

Gebet zu Maria (GL 783, 1.)

Lied (GL 265)

Segensgebet

»geburt
Wozu
zum leben

entbunden
Wohin
zur Freiheit

abgenabelt
Wofür
zur liebe

eltern bekommen
Warum
zur menschwerdung

eltern haben
Wann
im leben

eltern werden
Wozu
zur geburt«

Lasset uns beten: Die Liebe des dreifaltigen Gottes ist in Jesus Christus Mensch geworden, weil es Menschen gab und gibt, die die Liebe Gottes nicht zurückweisen, sondern sich der erlösenden Liebe Gottes hingeben. Laßt auch uns als Vater, Mutter, Kind unsere Bestimmung zur Geburt leben: Im Namen des Vaters und des Sohnes und des Heiligen Geistes. Amen.

Schlusslied (GL 573)

Fünfte Maiandacht

»Denn der Mächtige hat Großes an mir getan; und sein Name ist heilig«

Eröffnungslied (GL 573)

Liebe Schwestern und Brüder im Herrn. Wir haben uns heute versammelt, um die Heiligkeit Gottes zu rühmen, die er in Jesus Christus geoffenbart hat. Nicht genug, daß Gott Mensch geworden ist aus der Jungfrau Maria. Nein, er scheute auch nicht den Weg nach Golgotha, der Stätte des Todes und der Vernichtung durch Menschenhand. Zu streiten, wer nun der Schuldige am Tod Jesu sei, führt nicht zu den Schuldigen, sondern zum Freispruch von der eigenen Schuld und Sünde. Darin sind wir Menschen groß, uns freizusprechen, mit Pilatus die Hände in Unschuld zu baden und uns aus der Verantwortung zu stehlen. Ganz im Gegensatz dazu Gott, der sich nicht heraushält, der sich betreffen läßt von Sünde und Schuld des Menschen. Gott verläßt seine Unantastbarkeit und Sicherheit, nimmt in seinem Sohn Jesus Christus die Unsicherheit des menschlichen Lebens auf sich, wagt den Weg in die Fremde. Diesen Gott wollen wir zum Beginn dieser Maiandacht anrufen: im Namen des Vaters und des Sohnes und des Heiligen Geistes. Amen.

Lobpreis des dreifaltigen Gottes (GL 2,5.)

Einführung

Liebe Schwestern und Brüder im Herrn. In der letzten Maiandacht haben wir angedeutet, daß durch die Menschwerdung des Gottessohnes Gott seine Macht als unbedingte Liebe erweist; den Menschen ernst nimmt, seine Würde achtet und seine Freiheit in Anspruch nimmt. Wir hatten gehört, daß Maria mit ihrem »Ja« als erster Mensch frei von der Erbsünde ihre Bestimmung zu Frau und Mutter verwirklichte. Insofern haben wir aber angedeutet, daß Maria als Dienerin Gottes um den Ruf Gottes weiß und daran glaubt, daß Gottes Liebe zu seiner Schöpfung es ist, die ihr ermöglicht, Mutter des Gottessohnes zu werden und zu sein.
Gottes Sohn geht den Weg in das Reich des Vaters, das zur Fremde geworden ist, in der Sünde und Tod herrschen. Ihnen setzt sich der Menschensohn aus, indem er die Menschen sucht, sie auf ihre Widersprüchlichkeit und Sünde hin anspricht und Umkehr und Glaube an das Evangelium fordert. Aber nicht allein die Sünde der Menschen aufdecken will er, sondern auch Vergebung und Segen vermag er zu spenden. Er hilft und befreit, klagt an und spricht frei, liebt Nächste und Feinde. Er lebt die Liebe Gottes zu den Menschen. Er verwirklicht, was Gott in Maria begonnen hat. »Denn der Mächtige hat Großes an mir getan; und sein Name ist heilig.«
Nicht Mächtiges vollbringt er, sondern Großes! Wie aber erweist Gott seine Größe und Macht, seine Heiligkeit? Vollbringt er machtvolle Taten wie ein Superman? Befreit er als der neue Messias das Volk Is-

rael aus der Macht der Römer und zeigt somit politische Stärke? Oder worin besteht die wahre Größe der Taten Gottes? Die Größe der Taten Gottes besteht nicht darin, seine himmlischen Heerscharen aufmarschieren zu lassen, im Gleichschritt und Getöse von Waffen und Stärke Paraden abzuhalten, Feinde einzuschüchtern und Überlegenheit zu demonstrieren. Nein, Gott stellt seine Macht nicht durch militärische Stärke und Größe unter Beweis, sondern er geht den Weg zum Abschaum, zu den Asozialen, Ausgestoßenen, Sündern, Scheinheiligen und Schwachen, den Weg zu den Menschen und den Menschen voran.

»nur einer tats

ich sterbe nicht
ich werde gestorben
auch du stirbst nicht
du wirst gestorben

das tatwort
sterben
belügt uns

wir tun es nicht
nur einer tats«
(Kurt Marti)

Marianisches Kerngebet (GL 2,6.)

Liebe Schwestern und Brüder im Herrn. Wir hören heute zwei Lesungen, die deutlich werden lassen, zu was Gott sich hingab, als er in seinem Sohn Jesus Christus Mensch geworden ist.

Lesung (Phil 2,1–11)

Lied (GL 584,1.,3.,5.)

Lesung (Mk 15,33–41)

Gebet (GL 715)

Lied (GL 183)

Gebet zu Maria (GL 783,6.)

Liebe Schwestern und Brüder. Heute haben wir von Gott als dem Gott erfahren, der sich in seiner Liebe zur Schöpfung treu bleibt und den Weg ans Kreuz, in den Tod geht – schmachvoll und verlassen stirbt. Von der Botschaft der Auferstehung wissen wir, daß er die Auseinandersetzung mit dem Tod als der Gott des Lebens bestanden hat. Er hat in seinem Tod den Tod ein für allemal überwunden. In dieser Überwindung ist unser Vertrauen auf Gott, den Herrn des Lebens und des Todes, begründet. Ja, auch wir dürfen hoffen, dereinst mit Maria in der Gemeinschaft des göttlichen Lebens zu leben. Im Vertrauen auf diese Glaubensgewißheit, die unserem Leben Sinn verleiht, beten wir zu Gott, unserem Vater.

Gebet zu Gott dem Vater (GL 2,4.)

Segensgebet

Im Vertrauen auf Gott, den Vater, den Sohn und den Heiligen Geist, gehen wir in der Nachfolge Jesu und unter der Fürsprache Mariens den Weg unseres Lebens. Dieser Weg, gezeichnet von der Anfechtung der Sünde und des Todes, möge uns im Vertrauen auf Gottes Barmherzigkeit und Liebe und im Ja zu unseren Sünden und unserem reuigen Bemühen um Umkehr und Glaube immer wieder zu Gott führen. Dazu segne uns der dreifaltige Gott: der Vater und der Sohn und der Heilige Geist. Amen.

Schlusslied (GL 585)

Sechste Maiandacht
»Tod und Auferstehung Jesu: Machterweis Gottes und Offenbarung seiner Menschlichkeit«

Eröffnungslied (GL 594, 1., 4., 5.)

Liebe Schwestern und Brüder im Herrn. »Hilf uns, deinen Knechten, in Not und Gefahr; mach allen, die suchen, den Sohn offenbar.« Maria, die Mutter des Gottessohnes, steht uns bei mit ihrer Fürsprache. Sie gibt uns Hilfe, indem sie offenbar macht, was ihr Sohn von Gott offenbart: *Gott liebt die Menschen.* Er läßt sie nicht ins Verderben rennen und will nicht ihren Tod. Im Vertrauen auf diesen Gott ging Maria den Weg ihrer Berufung; sie glaubte an ihren Sohn, als sie bei der Hochzeit in Kana zu den Dienern sagte: »Was er euch sagt, das tut!« (Joh 2,5). Laßt auch uns voll Gottvertrauen und im Glauben an Jesus Christus unseren Weg ständig neu suchen und gehen: im Namen des Vaters und des Sohnes und des Heiligen Geistes. Amen.

Lobpreis des dreifaltigen Gottes (GL 218)

Einführung

In der letzten Maiandacht hörten wir, daß Gott den Tod auf sich nahm. Er wurde Mensch, nahm des Menschen Endlichkeit an und setzte sich der Nacht des Todes aus. Gott liebt die Menschen, auch wenn diese versuchen, das Todesurteil über ihn zu fällen. Gott liebt die Menschen, auch wenn er mit vielem, was wir Menschen tun, nicht nur nicht einverstanden sein kann, sondern es eigentlich verwerfen müßte.
Wenn er auch der Menschen Taten und Gesinnung verwerfen müßte, steht Jesus dennoch sterbend und betend für das Heil der Menschen ein. »Vater, vergib ihnen, denn sie wissen nicht, was sie tun« (Joh 23, 34). Nicht sein Wohl, das auf dem Spiel steht, berührt ihn, wenn er schreit: »Mein Gott, mein Gott, warum hast du mich verlassen?« (Mk 15,34). Er ist verlassen; er lebt und stirbt die Gottverlassenheit der Menschen in seinem Tod.
Der Tod reißt ihn heraus aus der Alltäglichkeit und Selbstverständlichkeit des Lebens, bringt das gelebte Leben vor die Frage nach seinem Sinn, bringt es in die Attraktion des Nichts, droht es zu vernichten, nichts werden zu lassen. Diese Attraktion des

Nichts, als Widerspruch zum Leben, droht dem Leben mit Vernichtung; der Tod Jesu sucht Gott in diesem Tod zu besiegen, Gottes Existenz zu entlarven als Produkt menschlicher Schwäche und Phantasie. Aber – und dies läßt die Auferstehung offenbar werden – der Tod hat keinen Stachel mehr (1 Kor 15,55). Die drohende Beziehungslosigkeit wird durchbrochen von dem Eingehen und Getragensein in der Beziehung des dreifaltigen Gottes.

Bricht die Beziehung der Lebenden mit den Toten auch ab, droht Verhältnislosigkeit, die Gefahr des Vergessens, bewahrt doch Gott das gelebte Leben der Menschen in seiner Erinnerung, die eine Erinnerung des Lebens, eine lebendige Erinnerung, eine Leben verinnerlichende Bewahrung ist, die auferweckt und neues Leben gibt, richtet und vollendet. Weil der Tod keinen Stachel mehr hat und Gott den Sieg über den Tod durch die Menschwerdung Jesu Christi für alle Menschen offenbar und glaubwürdig errungen hat, trifft uns zwar der Tod, er kann uns aber nicht der Lebendigkeit Gottes entreißen, sondern wird selbst im Tod des Todes überwunden; in der Auferweckung wird das menschliche Leben gewandelt, nicht genommen. Von Maria glauben wir, daß sie als erster Mensch in den Himmel aufgenommen worden ist. Zu ihr, die in der Herrlichkeit des dreifaltigen Gottes lebt, beten wir:

Marianisches Kerngebet (GL 32,2.)

Lesung (Joh 20,24–29)

Lied (GL 213)

Betrachtung

Liebe Schwestern und Brüder im Herrn. Diese Maiandacht haben wir unter das Thema gestellt: »Tod und Auferstehung Jesu: Machterweis Gottes und Offenbarung seiner Menschlichkeit«. Wir beleuchten heute näher, was wir in der letzten Maiandacht als harte Realität der Menschwerdung Gottes in Jesus Christus bekannt haben. An der Wirklichkeit dieses Bekenntnisses hängt der ganze christliche Glaube. Denn wir glauben, daß der Tod Jesu nicht ein Schauspiel mit allen technischen Tricks, sondern ein menschlicher Tod, das rabiate Ende, die radikale Infragestellung des Lebenswerkes und Lebens Jesu war. In diesem Tod ist das Leben Jesu an sein Ende gekommen, ihm die Möglichkeit genommen, an diesem Leben noch zu rütteln, etwas weg- oder hinzuzuleben. Es ist gelebt! Es geht in die Anfechtung des Todes ein. Erst wenn Jesus Mensch war, als Mensch gelebt hat und gestorben ist, kann der Glaube an die Auferstehung als die Ermächtigung Gottes über dieses Leben für uns Menschen die Botschaft der Hoffnung und Zukunft sein.

Was heißt es, wenn menschliches Leben endgültig gelebt ist? Ein Zweifaches meine ich: Endgültig zu Ende ist menschliches Leben, wenn es einerseits radikal und unbezweifelbar beendet ist und wenn es andererseits Gültigkeit erlangt hat.

Der Tod eines Menschen verschafft sich oft dadurch Geltung, daß er Gespräche, ein Lächeln, gemütlich-

freudiges Zusammensein, die gemeinsame Fahrt in den Urlaub abrupt beendet. Er macht Gespräche und Auseinandersetzungen unmöglich und verschlägt uns nicht selten die Sprache – er macht sprachlos. Der Tod beendet, was in der Geburt begonnen und in der Zeit des Lebens gelebt und erfahren wurde.
Was aber geschieht mit dem gelebten Leben, das im Tod endgültig gelebt und vorbei ist? Ist die Sprachlosigkeit des Todes das Siegel des Schweigens oder des Nichts auf dieses Leben? Nein! Denn wenn die Hinterbliebenen auch angesichts des Toten sprachlos sind, so geben sie sich mit dieser Sprachlosigkeit nicht zufrieden, sondern protestieren gegen den Tod, trauern um den Toten und bewahren ihn in ihrem Gedächtnis. Der konkreten Lebensgeschichte wird vielfältig gedacht. Welche Bedeutung hat dies aber für den Toten selbst, zumal in unserer heutigen Zeit nicht selten Menschen in Zurückgezogenheit und Anonymität, verlassen oder gewaltsam sterben müssen und vom Leben dieses Menschen vielleicht noch nicht einmal ein toter Stein auf seinem Grab zeugt? Ist die Geltung, die das Leben eines Menschen erlangen kann, nur abhängig vom Gedenken der Mitmenschen, so mag es recht zufällig sein, wenn ein Mensch und sein Leben als Ganzes bejaht werden.
In der Auferstehung Jesu Christi offenbart Gott, daß jedes menschliche Leben von ihm bewahrt wird und daß er es in die Herrlichkeit seiner Liebe aufnimmt. Darin erweist sich Gott als Gott der Menschen, daß er den Menschen bewahrt, ihm beisteht in Leid und Tod, weil er selbst weiß und erfahren hat, was Leid ist; er hat das Leid überwunden, indem er es annahm und nicht geflohen ist aus seiner Verantwortung und seinem Wort.
In Jesus Christus hat Gott das Leid auf sich genommen, die Lieblosigkeit der Menschen gewandelt, die Frucht dieser Lieblosigkeit, den Tod, überwunden, nicht indem er ihn abschaffte – welche Rechtfertigung des Menschen, wenn der Mensch aus seiner Verantwortung für sich und für sein Leben entlassen wird, weil er nicht damit rechnen muß, zur Rechenschaft für sein Leben gezogen zu werden, sondern endlos leben zu können, wie es ihm gerade gefällt. – Nein, Gott läßt den Tod als sinnvolles Ende menschlichen Lebens, nimmt ihm aber den Stachel der Vernichtung und wandelt ihn in Leben in der Herrlichkeit. Gott ermöglicht den Menschen im Blick auf die Bewahrung ihres Lebens, dafür Sorge zu tragen, daß es wert ist, bewahrt zu werden. Wert ist es, weil Gott den Menschen, jeden Menschen liebt und ihn so liebens-, lebens- und bewahrenswert sein läßt. Gott verzeiht dem Menschen, der sich in seinem Leben redlich mühte, in Christi Nachfolge zu leben, auch wenn ihm dies nicht immer gelingen mochte. Daß wir Menschen unser Leben, obwohl es oft so scheinen mag, nicht für die Katz' gelebt haben, sondern für die Erlangung des Lebens in Fülle, in Gott, dies eröffnet Hoffnung, macht Leben lebenswert und garantiert Zukunft.

Lied (GL 220)

Gebet zu Maria (GL 777, 2.)

Psalm (GL 236)

Segensgebet

Liebe Schwestern und Brüder im Herrn. Gott, unsere Hoffnung, der Gott der Menschen, hat in seinem Sohn Jesus Christus die Schöpfung mit sich versöhnt. Im Glauben an die Versöhnlichkeit Gottes hat Maria ihre Berufung zur Mutter angenommen, verantwortlich gelebt und wurde als erster Mensch in den Himmel aufgenommen und ist damit ihrem Sohn Jesus Christus in die Herrlichkeit des Vaters gefolgt. Sie pries mit ihrem Leben Gott, lobte seine Liebe und Güte in Demut. Durch sie bitten wir Gott um seinen Segen und hoffen, dereinst selbst einzugehen in Gottes Freude. Dazu segne und in dieser Hoffnung bewahre uns der dreifaltige Gott: der Vater und der Sohn und der Heilige Geist. Amen.

Schlusslied (GL 589)

Siebte Maiandacht
»Er erbarmt sich von Geschlecht zu Geschlecht über alle, die ihn fürchten«

Eröffnungslied (GL 588)

Liebe Schwestern und Brüder im Herrn. Maria, die Mutter unseres Herrn Jesus Christus, wurde von Gott in den Himmel aufgenommen; denn sie vermochte ihr Leben zu leben; sie fürchtete Gott und wußte um sein immerwährendes Erbarmen. Mit ihr dürfen wir den Lobpreis Gottes in dieser Maiandacht singen, beten, schauen, annehmen und leben: im Namen des Vaters und des Sohnes und des Heiligen Geistes. Amen.

Lobpreis des dreifaltigen Gottes (GL 265)

Einführung

Gottes Erbarmen währt ewig. »Denn sein Erbarmen, seine Gnad er über uns gebreitet hat. Es wird die Wahrheit unseres Herren in Ewigkeit ohn Ende währen«, sangen wir eben im Lobpreis des dreifaltigen Gottes. Von diesem dreifaltigen Gott haben wir in den vergangenen Maiandachten gehört, daß er ein Gott der Menschen ist, der den Menschen von Anbeginn der Schöpfung liebt, der ihn nach seinem Bild und Gleichnis geschaffen hat, ihn segnet zum Sachwalter der Schöpfung, ihm beizustehen verspricht, ihn straft, ihn trotz der Strafe nicht vernichtet, ihn vollendet. Die Menschen zogen die Strafe selbst auf sich, indem sie die Ordnung der Schöpfung störten, sich zum Maßstab allen Lebens erhoben, Gott als den Halt und Anhalt der Schöpfung aus der Schöpfung verbannten und die Urkräfte des Chaos und der Mächte freisetzten. Indem sie so sich und ihre Bestimmung verfehlten und Gott nicht als Gott der Menschen anerkannten und fürchteten, zogen sie die Strafe auf sich, die sie in ihren Verfehlungen selbst grundgelegt haben, den Fluchtod der

Sünde; trotz dieser Strafe verwirft Gott den Menschen nicht, schenkt ihm Erbarmen, begegnet er ihm mit Liebe, einer werbenden und lebenschaffenden Liebe, die geduldig, aber bestimmt, leidenschaftlich sich als Liebe anbietet, um liebende Antwort wirbt. Gott segnet den Menschen, schließt einen Gott selbst verpflichtenden Bund, lebt diesen Bund bis zum Äußersten, bis zum Tod am Kreuz, überwindet den Tod, eröffnet Zukunft, wo dem Menschen Hoffnungslosigkeit und Nacht entgegenschlagen, und erweist sich als die Zukunft aller Menschen. Denn die geduldige Liebe Gottes hat kein Ende; aber sie hat ein Ziel: den Sieg der Liebe. Dies durften wir in den vergangenen Maiandachten erfahren, daß der Gott der Menschen der Gott des Erbarmens ist.

Diesen Gott fürchtet Maria und weiß ihn zu achten und zu ehren; diesem Gott weiß Maria zu vertrauen und vertrauensvoll zu dienen; diesem Gott gegenüber weiß sie sich im Leben ihrer Jungfräulichkeit und Gottesmutterschaft verantwortlich. Sie betet und lebt den Lobpreis Gottes.

Was es heißt, Gott, den Herrn des Erbarmens, zu fürchten und diese Gottesfurcht zum Programm menschlichen Lebens werden zu lassen, darauf werden wir uns heute und in den kommenden Maiandachten besinnen.

Marianisches Kerngebet (GL 570)

Lesung (Sir 2,1–18)

Psalm 103 (GL 742,2., 3.)

Betrachtung

Liebe Schwestern und Brüder im Herrn. »Er erbarmt sich von Geschlecht zu Geschlecht über alle, die ihn fürchten.« Was aber heißt Gott fürchten? In der Lesung hörten wir und im Psalm haben wir gebetet, daß Gottesfurcht die menschliche Entsprechung zum Erbarmen Gottes ist. Der Mensch hat Gott zu fürchten, weil Gott sich seiner erbarmt und damit Gott den Menschen voll Erbarmen und Barmherzigkeit in seine Herrlichkeit aufnimmt.

Was aber heißt Gott fürchten? Etwa: Angst haben vor ihm? Angst aber lähmt, begrenzt, läßt Mauern wachsen, jagt Schrecken ein, hemmt die Schritte und das Schreien, nimmt den Lebensraum, engt ein, treibt kalten Schauer über den Rücken, läßt erzittern, stellt mit dem Rücken an die Wand, nagelt fest. – Festnageln!

Auch wir haben Jesus festgenagelt am Kreuz, ihm die Bewegungsfreiheit und sein Leben genommen – sicher auch aus Angst, er könnte recht haben, uns unserer Rechte und Freizügigkeiten zu beschneiden, uns zu Umkehr, Evangelium und Pflichterfüllung aufzurufen. Gott selbst aber hat diese Begrenzung, diese Angst überwunden, die Grenzen von Todesangst und Tod durchbrochen, sich befreit und Freiheit von Angst und Tod gewährt.

Dies könnte nun aber erneut Angst einjagen, weil Gott nicht der Verfügung von uns Menschen zu unterwerfen ist, sondern sich dieser entzieht, ohne sie zu fliehen. Er stellt sich ihr vielmehr, offenbart, daß der Mensch Gott nicht töten kann, vielleicht todreden, aber nicht dem Nichts anheimgeben. – Dies wurde offenbar am Tod eines Menschen und hat somit auch Konsequenzen für das Verständnis unseres Todes. – Wollen wir Gott dennoch todreden, müssen wir viele Worte um Gott und uns machen.

Gott nimmt alle unsere Worte auf sich und erweist ihre Schwäche, indem er sich in der Auferstehung neu dem Menschen zuwendet und ihn nicht, sich überlassend, verläßt. Er offenbart vielmehr seine eigentliche Zuwendung zum Menschen und setzt den Menschen frei, daß der Tod, den der Mensch gerne als letztes Mittel einsetzt, unliebsame Feinde auszuschalten, zwar das letzte Wort des Menschenlebens, aber nicht das allerletzte Wort über menschliches Leben ist. Tod als das allerletzte Wort über den Menschen wäre eine recht zwiespältige Verwirklichung der Angst. Aber nicht ängstigen sollen wir uns und gelähmt sein, sondern gottesfürchtig unseren Weg gehen. Dies heißt nicht, daß wir keine Angst haben können und dürfen, sondern vielmehr, daß wir im Blick auf Kreuz und Auferstehung mit unserer Angst leben können und Gott noch etwas zutrauen dürfen, wo wir mit unseren Möglichkeiten versagen.

Gott noch etwas zutrauen, wo wir Menschen uns keine Vorstellung mehr machen können von Gottes Größe, darin ist uns Maria vorangegangen, als sie der Geburt mit ihrem Ja zur Verkündigung nicht spottete, sondern gottesfürchtig den Dienst annimmt; denn wer den »Herrn fürchtet, ist nicht ungehorsam gegen sein Wort« (Sir 2,15). Gott fürchten, mit der Möglichkeit Gottes rechnen und leben, heißt sein Leben an Gott ausrichten, Gott gemäß handeln. Handle ich Gott gemäß, so vergehe ich mich nicht an mir und meinen Mitmenschen.

Was dies im einzelnen nun bedeutet, soll in den kommenden Maiandachten beleuchtet werden. Hier haben wir gesehen, daß Gottes Erbarmen, Gottes Liebe, Gottes Freiheit den Menschen zur Antwort und Verantwortung ruft. Gott fürchten mag zwar vordergründig beschränken und ausklammern, befreit aber dazu, frei zu sein, frei zu werden und frei zu bleiben.

Lied (GL 261)

Gebet zu Maria (GL 783,9.)

Segensgebet

Lasset uns beten: Lieber Gott, Maria, die Mutter unseres Herrn, lebte ihre Gottesfurcht, indem sie glaubte, wo viele zweifelten, indem sie hoffte, wo viele sich aufgeben, indem sie liebte, was viele hassen und todreden. Sie rechnete mit dir und deinem Erbarmen, das aufrichtet und befreit, das ja sagt, bevor es richtet, das richtet und nicht vernichtet, sondern das richtet, um aufzurichten. Auch wir wollen uns an diesem Erbarmen aufrichten und dich mit offenen Augen fürchten. Darin leite und dazu segne uns der Vater und der Sohn und der Heilige Geist. Amen.

Schlusslied (GL 589)

Achte Maiandacht
»Er vollbringt mit seinem Arm machtvolle Taten: Er zerstreut, die im Herzen voll Hochmut sind«

ERÖFFNUNGSLIED (GL 294)

Liebe Schwestern und Brüder im Herrn. Maria reagiert, als ihr der Engel die Kunde von der wundersamen Geburt Jesu überbrachte, für einen Menschen unserer Zeit recht ungewöhnlich. Obwohl sie es sich nicht vorstellen kann und fragt: »Wie soll das geschehen, da ich keinen Mann erkenne« (Lk 1,34), fürchtet Maria Gott, rechnet mit seinem Wirken, sucht sich nicht als aufgeklärter Mensch zu behaupten. Vielmehr erkennt sie den Willen Gottes an, handelt danach und dient dem Herrn.
Wir rechnen nur noch selten mit Gottes machtvollem Arm, denn das Getöse unseres Machens und Herrschens und unserer Geschäftigkeit verschließt uns unsere Augen und Ohren, das Wunderbare zu sehen und den Lobpreis der Schöpfung im Wehen des Windes, dem gequälten Schrei eines Tieres, dem Singen der Vögel zu hören.
In dieser Maiandacht bemühen wir uns, neu sehen und hören zu lernen auf den Arm und die Stimme Gottes: im Namen des Vaters und des Sohnes und des Heiligen Geistes. Amen.

LOBPREIS DES DREIFALTIGEN GOTTES (GL 3,1.)

EINFÜHRUNG

Liebe Schwestern und Brüder im Herrn. Machtvolle Taten vollbringt Gott mit seinem Arm: Er zerstreut die im Herzen voll Hochmut sind; er stürzt die Mächtigen vom Thron und erhöht die Niedrigen; die Hungernden beschenkt er mit seinen Gaben und läßt die Reichen leer ausgehen.
Viele rechtfertigen mit diesen Versen des Magnifikat ihre politischen und sozialen Umbrüche. Sie verändern die Machtverhältnisse: sie stürzen die Mächtigen vom Thron und setzen sich selbst darauf, um ebenso unbarmherzig gegen ihre Untergebenen und die Schwachen vorzugehen wie die ehemals Mächtigen. Sicherlich sind die Aussagen des Magnifikat auch politisch sehr ernst zu nehmen, nicht aber um die Verhältnisse zu belassen und nur die Menschen an der Macht auszuwechseln. Nein, das kann Gott nicht gewollt haben. Vielmehr sollen die Verhältnisse den Geboten Gottes entsprechend verändert werden. Macht ist nicht zu erlangen, zu bewahren und durchzusetzen um der Macht willen, sondern das Erbarmen des Mächtigen, die Einsicht in die Abhängigkeiten sollen den Machthunger brechen und die Macht einbinden in den Dienst an ...
Sicher wäre es um vieles naheliegender, Macht mit Mitteln der Macht zu sichern und zu erzwingen, den langen Arm des Gesetzes zu bemühen, um Rechte einzuklagen; es ist ja auch unser gutes Recht, unsere Rechte einzuklagen! – Ist dies die Haltung Gottes, die Haltung Mariens? Klagt Gott seine Rechte ein? Zwingt er den Menschen zur Nachfolge? Führt er

Gehirnwäsche durch, um hörig zu machen, gleichzuschalten und einzugliedern? Manipuliert er mit vermeintlicher Freizügigkeit und nimmt dadurch die Freiheit? Besteht Maria auf dem Recht der »freien« Entscheidung? Spielt sie die Aufgeklärte? Erhebt sie Anspruch auf ihren Bauch? Ist sie diejenige, die im Blick auf sich und ihr eigenes Wohlergehen über das Leben anderer entscheidet?
Maria rechnet mit Gott und fürchtet ihn; sie weiß um ihren besonderen Dienst für ihre Mitmenschen, um ihre Pflichten, die wir so gern um unserer Rechte willen vergessen. Maria gebiert den lang ersehnten Erlöser. Sie geht einen Weg, der ihr im Leben alles andere als Ansehen und Ruhm einbringt. Sie macht keinen Wirbel und Starrummel um sich. Sie schleicht sich aber auch nicht davon, sondern sie ist da und steht bei, wenn sie gebraucht wird. Sie kümmert sich um das Kind, sie glaubt bei der Hochzeit in Kana an ihren Sohn, steht weinend und trauernd unter dem Kreuz und harrt mit den Jüngern aus. Ihr Weg ist leise, sie geht ihn im verborgenen, nicht im Rampenlicht der Öffentlichkeit. Darin klagt sie nicht, hadert nicht mit ihrem Schicksal, mit Gott und der Welt, sondern sie steht ihre Frau. Sie ist Mutter und rechnet mit Gott, lebt ihre Gottesfurcht im Erbarmen für ihr Kind und uns Menschen. Maria macht nicht viele Worte. Das Neue Testament berichtet neben dem Magnifikat nur von fünf weiteren, aber ganz entscheidenden Worten Mariens (Lk 1,34.38; 2,48; Joh 2,4.5). Mit Maria wollen wir nun ihren Lobpreis beten.

Marianisches Kerngebet (GL 127)

Meditation

– Leise Orgelmusik –

»Er vollbringt mit seinem Arm machtvolle Taten« (Bild: Ausschnitt: angenagelte Hand des Isenheimer Altars).
Mit einem angenagelten Arm, gebundenen Händen – machtvolle Taten? Welch ein Widerspruch! Ein Arm, der leblos ist, an einen Balken genagelt, von Menschen festgeheftet: »Er vollbringt mit seinem Arm machtvolle Taten.« Dieser Arm – blutleer – regungslos – steif – vollbringt – oder nicht doch eher vollbrachte? Taten. – Und dennoch – gerade dieser Tote vollbringt mit seinem Arm die Tat der Erlösung – läßt sich festnageln, um zu erlösen – zu segnen – Beistand und Erbarmen zu gewähren – wird schwach um der Menschen Leben willen.
»Er zerstreut, die im Herzen voll Hochmut sind.« Menschen wollen hoch hinaus – suchen Neues zu ergründen – neue Lebensräume zu entdecken und zu erschließen. Menschen – wollen hoch hinaus – verlassen die Erde – stoßen ins All vor – fliegen – sind mit dem festen Boden unter den Füßen nicht mehr zufrieden – suchen das Abenteuer – Faszination der Technik.
Er zerstreut – Menschen bauen sich Wohnsilos – wohnen zu Tausenden unter einem Dach – Gemeinschaft? – Viele leben zusammen auf engstem Raum – aber nirgends ist die Klage über Fremde und Abge-

schiedenheit – Einsamkeit – größer – kennt man sich nicht – lebt sein Leben – ungestört?
»Er vollbringt machtvolle Taten.« Die Arme, von uns festgenagelt, sind die Arme, die Füße waschen – die sich um das Wohl des anderen kümmern – die den anderen annehmen – die an Türen klopfen und Herzen öffnen – die nicht nach der Krone der Macht greifen – oder den Aufbruch zu neuen Ufern wagen, indem sie die Erde hinter sich lassen – nein – die neuen Ufer, die diese Arme erschließen, bedeuten Leben – denn sie suchen den Mitmenschen – überwinden die Einsamkeit – sprechen Trost zu – freuen sich am Leben – am Kleinen – Leisen – freuen sich am Wachsen – daß überhaupt etwas wächst.

Lesung (Lk 18,35–43)

Der Blinde – geblendet – kann wieder sehen – schaut das Licht – die Schönheit – freut sich daran – läßt die Schönheit schön sein – genießt sie in vollen Zügen – sucht sie nicht zu erforschen – zu sezieren – zu zerstören – ihrer habhaft zu werden – Er zerstreut – weckt neue Gedanken – neue Gedanken an Gott – mit ihm zu rechnen – ihn zu sehen als den, der trägt – schützt – bewahrt – Leben garantiert.

– nach kurzer Stille endet die meditative, leise Orgelmusik; danach noch etwas Stille –

Lied (GL 183)

Segensgebet

Lasset uns beten: Die Werke von uns Menschen sind faszinierend, fesselnd. Sie suchen zu ergründen, zu erobern, zu verschönern, zu beherrschen. Sie suchen darüber hinaus aber auch uns Menschen zu dienen, zu schützen, das Leben zu erleichtern, Arbeiten abzunehmen, Leben zu bewahren, Leben am Leben zu erhalten, zu retten und zu helfen. Diese Spannung zwischen Zerstörung und Bewahrung, Hochmut und Hilfsbereitschaft, Macht und Ohnmacht fordert uns täglich neu heraus, den Schöpfungsauftrag zu leben. Lieber Gott, hilf uns und steh uns bei in unseren Entscheidungen, daß wir nicht die Natur zerstören, Leben verunmöglichen, indem wir planen, bestimmen und zu Robotern machen, zu Maschinen werden ohne Gefühl, sondern laß uns immer wieder neu das Schöne der Schöpfung und Natur wahrnehmen, schätzen und achten und mit deinem Beistand rechnen. Dazu segne uns der dreifaltige Gott, der das Leben ist und gibt, dem Menschen ermöglicht, sein Leben zu gestalten, der Vater und der Sohn und der Heilige Geist. Amen.

Schlusslied (GL 573)

Neunte Maiandacht
»Er stürzt die Mächtigen vom Thron und erhöht die Niedrigen« (Pfingsten)

Eröffnungslied (GL 245)

»Auf die Niedrigkeit seiner Magd hat er geschaut; siehe von nun an preisen mich selig alle Geschlechter« (Lk 1,48). Gott kehrt die Werte der Menschen um, handelt anders, als wir Menschen es erwarten; sucht nicht das Besondere; stellt sich nicht ins Rampenlicht des Erfolges; sucht sich nicht im Glitzer der Weltbühnen zu sonnen, sondern geht den Weg zu den Kleinen, in die Hinterhöfe der Zivilisation; reicht die Hand, um aufzurichten; nimmt stützend und schützend in die Arme; steht bei in der Not; weist Möglichkeiten der Zukunft; ist Zukunft und Gegenwart von uns Menschen. Ihn loben wir in dieser Maiandacht für seine heilende und tröstende Wahrheit und Nähe.
Pfingsten ist das Fest, an dem wir Christen die Sendung des Geistes Gottes in die Welt feiern, den Geist der Gegenwart Christi, den Geist des Heiles, den Geist, der schafft, tröstet, Leben gibt, Beziehung herstellt, den Blick wendet und lenkt, Sinn gibt – uns Menschen liebt. Maria empfing in diesem und durch diesen Geist Jesus. Sie glaubte an den Beistand des Geistes Gottes, der Wege eröffnet, uns zum Mitmenschen gehen läßt, dem Trauernden Trost zuzusprechen, dem Leidenden Heil und Freude zu schenken, Dank zu sagen, Mut zu machen, die Wahrheit zu sagen und zu ertragen, Freude und Glück nicht nur zu genießen, sondern zu bewahren, Kraft zu schöpfen für die schweren Stunden des Lebens, Hände zu falten für ein Gebet: im Namen des Vaters und des Sohnes und des Heiligen Geistes. Amen.

Lobpreis des dreifaltigen Gottes (GL 262)

Einführung

»Denn auf die Niedrigkeit seiner Magd hat er geschaut; siehe, von nun an preisen mich selig alle Geschlechter.« Gott schaut auf die Niedrigkeit der Menschen und stellt sie in sein Blickfeld. Er spricht in Maria alle Menschen an, spricht sich ihr zu und wirbt um das »Ja« ihres Glaubens. Das »Ja« des Glaubens befreit den Menschen zu seinem Heil, öffnet ihm die Augen, daß sein leibliches Wohl, dem er so gern mit allem Ehrgeiz dient, es zu sichern sucht, daß dieses Wohl nur Zeichen der Zeit ist und mit dem Menschen vergehen wird und der Mensch mittellos und nackt – nur er selbst – in die Erde gesenkt wird. Die Sorge um das leibliche Wohl ist notwendig. Sollte darin aber die Lebenserfüllung gesucht werden, wenn sich dieses Sorgen sehr leicht zum Tanz um einen Götzen entwickelt?
Im Tanz um einen Götzen verlieren wir Menschen die geistige Unabhängigkeit und Freiheit. Denn in vielen Situationen ist unser Tun davon geleitet, was auch andere tun. Nicht selten versuchen wir zu leben, wie andere leben, kleiden uns entsprechend

der Mode der Zeit. An sich ist dies nicht etwas Schlechtes. Aber unsere Versorgungsmentalität bestimmt zunehmend unseren Tages- und Lebenslauf; unsere Lebensfragen lassen wir uns von anderen, Spezialisten auf diesem Gebiet, beantworten; ein müder Druck auf einen Knopf liefert uns die Freizeitgestaltung frei Haus; zwischen Halbschlaf und Schlaf bei Stixi und Bier werden uns die Tagesereignisse aus aller Welt wohlverpackt von einem freundlichen Sprecher oder einer hübschen Sprecherin als »kleine Nachtmusik« ins Wohnzimmer geliefert: Schreckensnachrichten und Hochzeiten lassen wir teilnahmslos auf uns herabrieseln. »Was kann ich da schon tun ...?« fragen wir nicht selten, uns unserer Ohnmacht hingebend. Wollen wir etwas tun, so verlangt dies von uns, daß wir unsere Pflichten für uns und füreinander erkennen und nicht delegieren, abschieben, sondern selbst Hand anlegen, wo wir gefordert sind, Leben lebenswert werden zu lassen. Es ist nicht allein Sache Gottes, sich an die Erfüllung seines Bundes zu halten, sondern auch wir sind mit unseren begrenzten Möglichkeiten gehalten, dazu beizutragen, daß der Geist Gottes das All erfüllt. Unter der Fürsprache Mariens wollen wir unser Leben als Gabe des Geistes immer neu wagen und zu verwirklichen suchen.

Marianisches Kerngebet (GL 2,6.)

Meditation mit Lesung

»Er stürzt die Mächtigen vom Thron und erhöht die Niedrigen«

(Bild: Straßenflucht einer Großstadt bei Nacht und nach Regen) Leben – nächtliches Treiben in einer Großstadt – Neonlichter – verschwommen – fließende Übergänge – verschwimmende Konturen – Menschen werden aufgesaugt vom Treiben – vom Fluß der Bewegung – von der Masse, die sich die Straße hinauf- und hinunterwälzt – Farben blenden – Blicke kreisen – werden gebunden – gefesselt – angezogen von den Leuchtreklamen.
Der einzelne geht unter im Treiben – er ist nicht auszumachen – man schaut Gesichter, aber keine Augen – schaut Augen, aber keinen Blick – weicht Blikken aus – schiebt und wird geschoben – drückt und wird gedrückt – verliert den Halt – erkennt kein Maß mehr – Er stürzt die Mächtigen vom Thron – wer stürzt? – Gott? – die schiebende Masse? – der Trinker? – der Betrunkene, der mit sich und der Welt ins Gericht geht? – der sich seiner Probleme zu ermächtigen sucht, ihrer Herr werden will? – sie im Alkohol ertränkt ? – er ist gestürzt – er, der mächtig trank – zeigte, daß er ein Mann ist, der so manches vertragen kann, den so schnell niemand unterkriegt – von der Macht des Alkohols in die Knie gezwungen – Er stürzt die Mächtigen vom Thron? – oder der Mächtige stürzt unter seiner Macht vom Thron? – er suchte sich seiner zu bemächtigen – mit Macht – Macht war sein Lebensinhalt – allem mit Macht begegnen – ausschließen, was unliebsam ist – einsperren, was anders, was gefährlich ist – aussperren, was bedrohlich ist – Sicherheitszäune – von Wächtern bewacht – Ausbruch – meist ein Wagnis mit tödlichem Ende.

(Bild: der Gekreuzigte) Wagnis mit tödlichem Ende – auch dann, wenn nicht Macht zum Brechen von Macht eingesetzt wird, sondern auch dann, wenn sich jemand der eigentlichen Not der Menschen annimmt – wenn Gott selbst sich darum müht – wenn Gott die Niedrigen erhöht – Er stürzt die Mächtigen vom Thron, indem er sie sich und dem Diktat ihrer Macht überläßt – sich zu den Niedrigen hinwendet.

Lesung (Lk 1,30–28)

Lesung (Apg 2,1–11)

Gott überläßt die Niedrigen nicht den Sozialdiensten der Mächtigen – Er mischt sich selbst unter die Menschen, den Niedrigen, Ausgestoßenen, Kranken, Eingesperrten, Sündern Leben zu gewähren – ihnen Achtung und Beachtung zu schenken – sie nicht untergehen zu lassen im Getöse eines Großstadtbetriebes – sie aufzuspüren in den Hinterhöfen – hinter den glänzenden Fassaden von Wohlstand Heil zu schenken.
Menschen in der Nachfolge Christi – wagen das Leben – gehen für andere in den Tod – stellen ihr Leben in den Dienst am Menschen des anderen – verleugnen sich selbstverwirklichen sich in der Liebe zum Nächsten – prägen ihren Namen in Gottes Gedächtnis – den anderen suchend – den Dialog und das Gespräch findend – Hände über Grenzen hinweg reichend – über Generationen, Sprachen und Konfessionen hinweg – die Menschen ansprechend auf Gott – den Menschen Gott zusprechend – für die Menschen mit Gott sprechend.

Lesung (Apg 2,43–47)

Lied (GL 106)

Segensgebet

Liebe Schwestern und Brüder im Herrn. »Er stürzt die Mächtigen vom Thron und erhöht die Niedrigen«.

»Pfingsten
›Er stürzt die Mächtigen vom Thron
und erhöht die Niedrigen‹
nicht auf den Thron der Macht
zum Thron
dem Throne Gottes
zum Altar des Herrn
sein Menschsein zu leben
zu wachsen im Heiligen Geist
Christ zu werden und zu sein
als Gemeinschaft und Kirche zu leben
Liebe zu leben
den Geist Gottes wirken zu lassen
Welt und Schöpfung zu öffnen zu Gott
mit Gott und Gottes Wirken zu rechnen
Leben zu gestalten und zu leben im Blick
auf Gott
auf Auferstehung
Pfingsten«

Lasset uns beten: »Gott wird wenden Not und Leid. Er wird die Getreuen trösten, und zum Mahl der Seligkeit ziehen die vom Herrn Erlösten.« Der Weg

zum anderen ist beschwerlich und oft stehen uns eigene Interessen und Sachzwänge im Weg.
Lieber Gott, laß uns im Blick auf die Größe Mariens und die Niedrigkeit Jesu Christi nicht müde werden, den Menschen zu sehen und ihm gerecht zu werden. Dazu segne uns der dreifaltige Gott, der Vater und der Sohn und der Heilige Geist. Amen.

SCHLUSSLIED (GL 595)

Zehnte Maiandacht
»Die Hungernden beschenkt er mit seinen Gaben und läßt die Reichen leer ausgehen«

ERÖFFNUNGSLIED (GL 249)

LESUNG (Gen 1,26–29)

Gott schuf Himmel und Erde. Gott rief ins Leben, schenkte Dasein, gab dem Menschen seine Schöpfung auf; schenkt den Menschen, den Hungernden, seine Gaben, seine Schöpfung. Er eröffnet dem Menschen, mit diesem Geschenk glücklich zu werden, Heil zu erlangen in Gott.
Im Vertrauen auf Gottes Gabe und seinen Beistand im Heiligen Geist beginnen wir diese Maiandacht: im Namen des Vaters und des Sohnes und des Heiligen Geistes. Amen.
Im Monat Mai erwacht die Schöpfung zu neuem Leben; Bäume schlagen aus und blühen, die Frucht keimt und läßt Sprößlinge wachsen; zartes Grün legt sich über die Wälder; Blumen blühen in den Gärten; die Tage werden länger; die Vögel singen ihre Frühlingsweisen, bauen Nester, legen Eier, brüten, bis die jungen Vögel ins Abenteuer Leben schlüpfen.
Dieses Leben ist heute immer mehr bedroht. Und dennoch entfaltet sich Jahr für Jahr in wunderbarer Ordnung das Leben der Natur, das der Schöpfer des Himmels und der Erde dem Menschen als Lebensraum übergeben hat mit dem Auftrag, es würdig zu verwalten. Bei all unserem Mühen um das Wachsen und Leben in Feld, Wiese, Wald und Garten soll uns der Blick auf das Wunderbare und der Durchblick auf Gott nicht verlorengehen. Im Bemühen um eine würdige Verwaltung der Schöpfung und im Glauben an Gott bekennen wir unseren Glauben an den dreifaltigen Gott.

LOBPREIS DES DREIFALTIGEN GOTTES (GL 2,5.)

EINFÜHRUNG

»Die Hungernden beschenkt er mit seinen Gaben und läßt die Reichen leer ausgehen.« Wer sind die Hungernden? Wer sind die Reichen? Was sind die Gaben Gottes? Alles ist Gabe Gottes, jeder von uns verdankt sich und ist sich aufgegeben. Wir sind Gabe Gottes und als solche Aufgabe, uns zu verwirklichen. Aber wie? Was ist das Maß rechter Verwirklichung?
Das Maß ist Gott; denn als sein Abbild sind wir ge-

schaffen. Wir sind Gott nicht nur ähnlich und können uns darin sonnen, sondern wir sollen vielmehr unsere Gottebenbildlichkeit auch in unserem Leben verwirklichen. Abbild sein heißt noch lange nicht Abbild bleiben, denn unsere Gottebenbildlichkeit ist als Gabe unsere Lebensaufgabe. Wir werden dem Abbild in dem Maße gerecht, wie wir dieses auch verwirklichen.

Wollen wir uns als Abbild Gottes verwirklichen in der Sehnsucht nach Gott und Gottes Herrlichkeit, so sind wir alle Hungernde, im Hunger nach Gott und darin nach uns selbst. Aber wir sind auch Hungernde im Blick auf unsere Mitmenschen, mit denen wir nicht nur auszukommen suchen, sondern von denen wir auch gestützt und begleitet, an der Hand genommen und geführt werden wollen, um auch selbst zu stützen, zu begleiten, an der Hand zu nehmen und zu führen. Denn wir verdanken uns unseren Eltern, unseren Mitmenschen und sind Dank schuldig.

Viele Menschen sind nicht mehr fähig, Dank zu sagen, sich um sich sorgen, Essen zu beschaffen und aufzunehmen; sicher auch, weil sie und Generationen vor ihnen Fehler machten; vielleicht aber auch, weil sie krank, schwach, behindert, alt oder gar zu jung sind, sich selbst ernähren zu können. Auch, ja gerade diese beschenkt Gott mit seinen Gaben, wenn er Menschen bewegt, die Hungernden zu ernähren, ihnen Speise und Trank zu bringen; wenn er Menschen bewegt, Leben lebenswert werden zu lassen, Freude und Glück zu bringen in diese Welt; wenn er sich selbst bewegt, Mensch zu werden und aus Sorge um den Menschen Leben zu schenken; wenn er in der Nacht des Todes Leben schafft und seinen Geist sendet. »Die Hungernden beschenkt er mit seinen Gaben und läßt die Reichen leer ausgehen.«

»Als Elisabeth den Gruß Mariens hörte, hüpfte das Kind in ihrem Leib. Da wurde Elisabeth vom Heiligen Geist erfüllt und rief mit lauter Stimme« (Lk 1,41.42).

Marianisches Kerngebet (GL 2,6.)

Meditation

»Die Hungernden beschenkt er mit seinen Gaben und läßt die Reichen leer ausgehen.«

Lesung (Mt 14,15–21)

Gott speist die Hungernden mit seinen Gaben – mit Brot – Brot, ein Grundnahrungsmittel – Körner des Feldes ausgesät im Herbst – unter weißer Schneedecke gekeimt – gewachsen im Frühjahr – geschnitten und gedroschen im Sommer – gemahlen zu Mehl – daraus backen wir Brot – Brot, welches wir verteilen – Brot, mit dem wir Hunger stillen – »Und er nahm das Brot, sprach das Dankgebet, brach das Brot und reichte es ihnen mit den Worten: Das ist mein Leib, der für euch hingegeben wird« (Lk 22,19).

Gott gibt seinen Sohn hin – er wird Mensch – er ist Gabe für Maria, seine Mutter – aufgegeben zur Er-

ziehung – er ist Gabe für seine Jünger – aufgegeben zur Verkündigung und Nachfolge – er ist Gabe für die Kranken, Hungernden und Aussätzigen – aufgegeben zur Heilung – er ist die Gabe für die Sünder – aufgegeben zu Umkehr und Glaube – er ist Gabe für alle Menschen – aufgegeben, zu weisen den Weg zu Gott – Gabe für alle Menschen – die Herde zu weiden und zu führen – Gabe für alle Menschen – verlorene Schafe heimzuholen zur Herde und zu Gott – Gabe – Gott gibt Jesus – Jesus ist die Hingabe Gottes an den Menschen – zur Überwindung von Sünde und Tod.
Taufe ist die Eingliederung in Christus: »In der Taufe stirbt der Mensch mit Christus. Er wird mit ihm begraben und mit ihm auferweckt. Eingegliedert in Christus, ist er nicht mehr im Machtbereich der Erbsünde und des Todes, sondern in der Liebe Gottes. Er erhält durch die Taufe Vergebung aller Schuld, er empfängt das neue Leben, der Heilige Geist nimmt Wohnung in ihm. Neugeschaffen aus dem Wasser und dem Heiligen Geist, wird er zum Kind Gottes, das voll Vertrauen zu Gott sagen darf: ›Abba, lieber Vater‹. Dieser neue Anfang soll das ganze Leben des Menschen prägen« (GL, S. 82).
»Die Hungernden beschenkt er mit seinen Gaben und läßt die Reichen leer ausgehen.«

Segensgebet

Liebe Schwestern und Brüder im Herrn. Maria, die Mutter unseres Herrn Jesus Christus, ließ sich von Gott beschenken. Sie wußte um die Niedrigkeit, auf die Gott schaute, als der Geist auf sie herabkam, ihr einen Sohn schenkte, ihr Leben aufgab, eine Aufgabe, die sie im Wissen um den eigentlichen Geber der Gabe als ihre Lebensaufgabe annahm im Vertrauen auf Gott Vater im Himmel. Mit Maria beten wir, die wir in der Taufe Christus eingegliedert wurden, zu Gott dem Geber aller Dinge: »Vater unser im Himmel ...«
Im Vertrauen auf Gott bitten wir nun um Gottes Segen: Es segne uns der allmächtige Gott, der Vater und der Sohn und der Heilige Geist. Amen.

Schlusslied (GL 588)

Elfte Maiandacht

»Er nimmt sich seines Volkes Israel an und denkt an sein Erbarmen«

Eröffnung

Liebe Schwestern und Brüder im Herrn. Maria lobt Gott; denn Gott erbarmt sich von Geschlecht zu Geschlecht. Maria lobt Gott; denn er hat zum Heil der Menschen auf die Niedrigkeit seiner Magd geschaut. Maria lobt Gott; denn er nimmt sich seines Knechtes Israel an und denkt an sein Erbarmen. Maria lobt Gott; denn Gott wird Mensch in Jesus von Nazareth.
Sein Erbarmen ist unbedingte Gabe, ist Geschenk, das sich nicht an Äußeres bindet, nicht an Schönheit,

nicht an Reichtum, nicht an Jugend, nicht an Stärke. Sein Erbarmen bindet nicht. Sondern es sucht zu lösen und zu befreien, Wege aus Sackgassen zu weisen, Unfreiheit und Sünde zu überwinden, den Weg zum Mitmenschen zu gehen, unseren Bruder zu erkennen, ihm Gottes Erbarmen widerfahren zu lassen; frei zu werden, Bindungen einzugehen, die uns so binden, daß sie Aufgabe unseres Lebens sein können und bleiben; Bindungen, die sich getragen wissen von Gottes Bund mit seiner Schöpfung. Dieser Bund läßt uns zu Gott Vater sagen: im Namen des Vaters und des Sohnes und des Heiligen Geistes. Amen.
»Er nimmt sich seines Knechtes Israel an und denkt an sein Erbarmen.« Gott nimmt das Wehklagen der Menschen ernst. Er läßt sich betend und schreiend bewegen, läßt sich anrufen, hört den Schrei der Verzweiflung und des Untergangs. Gott läßt sich bewegen und wendet sich den Menschen zu. Gott wendet sich hin, befreit, spricht Mut und Wagnis zu, läßt in und durch die Wüste gehen, das Wagnis Freiheit annehmen, weil er der Gott ist, der da ist:

Lesung (Ex 3,1–15)

Gott ist Gott. Gott bleibt Gott. Wir Menschen können aber unser Menschsein verfehlen, uns verfehlen und sündigen. Wir können uns erheben zu Göttern; wir können Götzen und Götzendiener werden; wir können zum Tier werden; wir können aber auch Stein sein, kalt und gefühllos; wir können Lustobjekt werden; ... wir können auch Mensch bleiben und in den Ruf Israels, den Ruf Mariens einstimmen und unseren Glauben an Gott bekennen.

Lobpreis des dreifaltigen Gottes (GL 2,5.)

Einführung

Der dreifaltige Gott ist die Liebe, die die Schöpfung ins Leben ruft, den Menschen zum Partner in Gottes Schöpfung beruft, dem Menschen das freie Miteinander mit Gott eröffnet. Der Mensch aber – eigensinnig, von Macht und Stolz geblendet, seine Endlichkeit nicht anerkennend – erhebt sich zu Gott, sündigt, tötet den Bruder, dem er sich eigentlich in Liebe zuwenden sollte, wendet sich sich selbst zu, schafft sich Götter nach seinem Abbild, die er an sich bindet und kettet, die ihn aber auch fesseln und in Beschlag nehmen.
Der sündige Mensch droht aus dem Heilswillen und -plan Gottes auszubrechen, indem er sich selbst zu verwirklichen sucht. Denn aufgrund seiner Geistesbegabung und relativen Unabhängigkeit von der Schöpfung fühlt sich der Mensch der Schöpfung überlegen und kehrt das Gesetz der Liebe um in Macht und setzt sich absolut. All diesem Bemühen steht am Ende die nackte Realität des Todes gegenüber. »Die Hungernden beschenkt er mit seinen Gaben und läßt die Reichen leer ausgehen.« Alle Versuche von uns Menschen, Gott zu werden, werden im Tod Lügen gestraft. Hier steht der Mensch unwiderruflich vor der Frage nach Gott.
»Einer fragte Herrn K., ob es einen Gott gäbe. Herr

K. sagte: ›Ich rate dir, nachzudenken, ob dein Verhalten je nach der Antwort auf diese Frage sich ändern würde. Würde es sich nicht ändern, dann können wir die Frage fallenlassen. Würde es sich ändern, dann kann ich dir wenigstens noch so weit behilflich sein, daß ich dir sage, du hast dich schon entschieden: Du brauchst einen Gott‹ (B. Brecht, Kalendergeschichten, Hamburg 1953, 104).
Wir haben uns zu dieser Andacht versammelt. Wir brauchen einen Gott. Wir brauchen einen Gott, der uns annimmt, der sich erbarmt und den wir fürchten. Diesen Gott glauben wir in Jesus Christus gegenwärtig.
Er lädt uns ein, ihn anzunehmen, so wie ihn Maria und Josef angenommen haben – Maria als die ihn nährende und pflegende Mutter und Josef als der ihn schützende und behütende Vater. Maria und Josef wissen aber auch darum, daß sie Jesus nicht annehmen, daß sie keinen Menschen unbedingt und offen annehmen könnten, wenn sie nicht immer schon von Gott angenommen wären.

Marianisches Kerngebet (GL 32, 1.)

Meditation

»Er nimmt sich seines Knechtes Israel an und denkt an sein Erbarmen.«
Gott liebt die Menschen – Er liebt sein Abbild – Seine Liebe befreit – löst – öffnet – sucht nicht zu imponieren – sucht nicht zu fesseln – läßt den anderen weinen – erzählen – sein Leid klagen – nimmt an und steht bei, ohne zurückzuhalten – nimmt an, ohne sich zu produzieren – nimmt an und nimmt sich selbst zurück – läßt den anderen aus sich herausgehen – Denn: wahre Liebe weiß sich hinzugeben – zu lösen – zu öffnen. – Liebe bindet zwar, aber nicht um zu fesseln, zu besitzen, unfrei zu machen – sondern Liebe bindet zunächst sich selbst, indem sie ja sagt, ja zum anderen, zu seinen Schwächen und Fehlern, ja sagt zu seinem »Ja« – indem sie sich traut, sich dem anderen zuzutrauen – Trauung.

»wir trauen
wir trauen uns
wir trauen es uns zu
wir trauen uns uns zu
wir trauen es uns zu, uns zu trauen
wir trauen und sagen: ›Ja‹
Trauungsfeier« (Für Ute und Klaus)

Wir nehmen einander an – nicht um zu vereinnahmen – nicht um zu beherrschen – nicht um zu besitzen – nicht um unglücklich zu machen – nicht um zu haben – sondern um zu sein – zu leben – zu lieben – zu vertrauen – zu wagen – treu zu bleiben – Bund zu leben – Partner zu sein – »Er nimmt sich seines Knechtes Israel an und denkt an sein Erbarmen.« Gott wirbt um sein Erbarmen – bietet dieses Erbarmen an – ständig – von Geschlecht zu Geschlecht – unaufdringlich – und es gibt immer einige, die Magd, die Knecht sein wollen – die sich darin genügen, Gott zum Herrn zu haben – den Glauben an Gott zu wagen – denn Gott zum Herrn haben ist ein Weg der Anfechtung – ein Weg des Wagnisses – ein

Weg, der die Wüste nicht scheut – ein Weg, der sich getragen und geebnet weiß von Gott – ein Weg, der in die Fremde geht und Umkehr nicht scheut – ein Weg, der vertraut, wenn die Hand geboten wird – ein Weg, der mich und dich herausfordert – ein Weg, der ständig die neue Entscheidung zu seinem Ziel einfordert – ein Weg, der als Weg gewagt werden will – ein Weg, der sein Ziel kennt und das Ende nicht scheut – ein Weg, der Jesus nachfolgen will; denn Jesus ist der Weg, die Wahrheit und das Leben – der Weg Gottes: Der Gott, der keine andere Allmacht kennt als allein die Liebe, der Gott kommt mir entgegen auf meinem Weg, der Gott kommt mir nahe. »Der kommt mir näher, als ich mir selbst nahe zu sein vermag – so sehr, daß ich nun nicht mehr mir selbst der Nächste sein kann, sondern aus Freiheit ›ein dienstbarer Knecht aller Dinge‹ und in der Liebe ›jedermann untertan‹ zu sein wenigstens immer wieder versuchen will. Denn mein Gott ist nicht allein *mein* Gott, sondern *unser* himmlischer Vater, der auf Erden jeden Menschen zum *Dienst* an der *Freiheit* des anderen lockt. Statt zu befehlen, statt in Marsch zu setzen, lockt und bittet er uns auf den allerdings stets gefährlichen, durch Höhen und Tiefen, vielleicht aber nur – noch gefährlicher! – durch langweiliges Flachland führenden Weg, den der Eine, Jesus Christus, auf seinem Weg vom Stall zum Kreuz uns allen gebahnt hat: den Weg des Vertrauens in die befreiende Macht der Liebe, die uns menschlich macht und immer noch menschlicher werden läßt.

Und wenn ich unterwegs stolpere, falle, dann bist Du bei mir, mein Herr und Gott! Weil ich mich von Dir habe locken lassen, deshalb« (E. Jüngel, Aus Freude an Gott: Warum ich Christ bin, hrsg. v. W. Jeans, München. 1979, 214) glaube ich und gehe meinen Weg als Christ in der Kindschaft Gottes. Weil ich das gern bete: »Vater im Himmel..«

Segensgebet

Lasset uns beten: Im Vertrauen auf das Erbarmen Gottes, der uns annimmt, bitten wir um den Segen des allmächtigen und dreifaltigen Gottes, des Vaters und des Sohnes und des Heiligen Geistes. Amen.

Schlusslied (GL 594)

Zwölfte Maiandacht
»Gott denkt an sein Erbarmen, das er unseren Vätern verheißen hat, Abraham und seinen Nachkommen auf ewig«

Eröffnungslied (GL 261)

»Gott denkt an sein Erbarmen, das er unseren Vätern verheißen hat, Abraham und seinen Nachkommen auf ewig.«

Lesung (Gen 17,1–7.9)

Gottes Erbarmen erwächst aus seinem Bund mit uns Menschen, der uns Segen und Heil sein soll. D. h.

Gott ist die Bestimmung unseres Lebens. Dies zeigen wir jedesmal an, wenn wir uns bekreuzigen, dem Zeichen der dreifaltigen Liebe Gottes des Vaters, des Sohnes und des Heiligen Geistes. Das Zeichen des Kreuzes rahmt unser ganzes Leben ein und will uns tragendes Fundament sein: im Namen des Vaters und des Sohnes und des Heiligen Geistes. Amen.

Unsere erste Maiandacht stand unter dem Thema: »Lobpreis Gottes – vornehmste Pflicht des Christen.« Heute bewältigen wir im Sinne eines Abschlusses, der Anfang sein will, dies mit unserem Lobpreis und folgen unserer Einsicht, die wir in den vergangenen Maiandachten gewonnen haben: Es ist menschenwürdig und sinnvoll, Gott zu loben, an Gott zu glauben, auf Gott zu hoffen und mit und durch Gott zu lieben; denn erst unser Glaube an Gott läßt unser Leben sinnvoll sein. Durch ihn wissen wir uns von Gott getragen, dem wir uns verdanken und auf den hin wir leben.

Lobpreis des dreifaltigen Gottes (GL 266)

Einführung

Viele Worte haben wir in den vergangenen Maiandachten gemacht. Worte, die versuchten, den Lobpreis Mariens zu verstehen und nachzuvollziehen. Worte, die versuchten, unseren Lobpreis zu sagen und zu verantworten vor Gott und unseren Mitmenschen. Worte, die versuchten, Gott als Gott für uns, unseren Gott kennenzulernen. Worte, die versuchten, Maria als Vorbild des Glaubens zu sehen. Worte, die versuchten, Antworten auf die Fragen unseres Lebens in unserem Glauben zu gewinnen. Worte, die versuchten, Hoffnung zu vermitteln und unsere Zukunft zu benennen. Worte, die versuchten, uns Menschen vom Kreuz Christi her zu verstehen. Worte, die versuchten, unsere Bestimmung durch Liebe zur Liebe zu begreifen. Worte, die versuchten und versucht sind, Einsichten zu geben, Trost zuzusprechen, Glauben zu bekennen. Viele Worte haben wir in den vergangenen Maiandachten gemacht, um das Magnifikat Mariens besser zu verstehen und ihrem Glauben an Gott zu folgen.

Dem Glauben Mariens folgen heißt, den Bund Gottes mit seiner Schöpfung und uns Menschen bejahen und uns bemühen, in der Nachfolge Christi Liebe zu leben, und uns verpflichten, unseren Beitrag zur Vollendung des Bundes zu leisten. Wir Menschen können unsere Verpflichtung auf den Bund Gottes mit uns verwirklichen, wenn wir unseren Glauben und unsere Hoffnung zu gründen wissen in der Liebe Gottes; wenn unsere Hoffnung besteht und vertrauen kann auf die unserem Glauben bewußte Liebe Gottes; wenn wir lieben aufgrund des in unserem Glauben gründenden Rufes der Nachfolge Jesu Christi und unserer Hoffnung auf das Erbarmen Gottes. Auf eine Formel gebracht: Der Lobpreis des dreifaltigen Gottes begründet, eröffnet, ermöglicht, trägt, fordert, verwirklicht Glaube, Hoffnung und Liebe. Das heißt: Wenn wir glauben, hoffen und lieben, loben wir Gott und stimmen ein in den Lobpreis Mariens.

Marianisches Kerngebet (GL 126, 127)

Lesung (1 Kor 13)

Lied (GL 570)

Betrachtung

Liebe Schwestern und Brüder im Herrn. »Gott denkt an sein Erbarmen, das er unseren Vätern verheißen hat, Abraham und seinen Nachkommen auf ewig.« Mit den beiden Bibelstellen haben wir einen weiten Bogen geschlagen, vom Bundesschluß Gottes mit Abraham bis hinauf zum Hohenlied der Liebe von Paulus. Damit sind aber auch sehr schön die beiden großen Themen unseres Glaubens und ihre Beziehung zueinander genannt worden. Am Anfang Gott und sein Bund mit dem Menschen: »Das ist mein Bund mit dir«. Am Ende die Erfüllung des Bundes bzw. des Menschen in Gott: »Jetzt erkenne ich unvollkommen, dann werde ich aber durch und durch erkennen, so wie ich auch durch und durch erkannt worden bin.« Die Beziehung zwischen Anfang und Ende ist der Bund Gottes mit dem Menschen, der sich als die Liebe Gottes in Jesus Christus erfüllt. In und aus dieser Beziehung hat der Mensch zu leben. »Geh deinen Weg vor mir her und sei rechtschaffen!«, heißt es im AT. »Für jetzt bleiben Glaube, Hoffnung, Liebe, diese drei; doch am größten unter ihnen ist die Liebe«, heißt es bei Paulus. Beide Male aber ist der Bezugspunkt unseres Handelns Gottes Wirken, Bund und Liebe. Diesem Bezugspunkt sollen wir in unserem Glauben an Gott mit unserer Hoffnung und Liebe entsprechen. Da wir Menschen endlich sind und uns sehr leicht ereifern können, prahlen und uns aufblähen, ungehörig sind, unseren Vorteil suchen, uns zum Zorn reizen lassen, nachtragend sind und Unrecht tun, zuweilen auch vom Ende unserer Liebe reden, einer Liebe, zu der wir endgültig uns bekannten und verpflichteten, ist Liebe unsere bleibende Aufgabe. Sie bleibt Aufgabe, auch wenn wir uns auf vermeintlichen Erfolgen auszuruhen gedenken. Liebe will ständig gelebt werden, ist wesentlich liebendes Existieren, sonst wird sie zur Gewohnheit, zur Selbstverständlichkeit und droht zu verblassen. Sie fordert uns immer neu heraus, sucht neue Wege zu gehen, immer wieder aufzubrechen zur Liebe. Wahre Liebe macht uns fähig, zu verzeihen, Verzeihung anzunehmen, zu ertragen und zu tragen, sich in Geduld zu üben, leidenschaftlicher Geduld, unbedingt zu lieben, ohne Gegenleistung zu fordern, sich liebend zu verschenken, hinzugeben zum Wohl und zur Freiheit des Geliebten. Ist die Liebe Gottes Ausgangspunkt und Zielpunkt seiner Liebe, dann ist die Bewegung, das Leben, die Geschichte dieser beiden Punkte die Verwirklichung, Offenbarung und Selbstmitteilung göttlicher Liebe. Gottes Liebe will und kann nur lieben. Dies allein ist der Grund für unsere Hoffnung, daß all unsere Ansätze von Liebe liebend erkannt und anerkannt werden. Im Wissen dieser Liebe ging Maria ihren Weg und war somit befreit von sich und möglichem Eigensinn; sie war befreit, ihrem Kind, ihrem Bräutigam, ihren Mitmenschen, den Freunden Jesu,

Gott Liebe entgegenzubringen. Das macht diese Frau so faszinierend, daß sie Blicke auf sich zieht, aber nicht bei ihr beharrt, sondern sie wendet auf Gott als den, der eigentlich zu schauen und dem zuzustreben ist. Maria fesselt nicht Blicke auf sich, sondern sie fesselt, insofern sie über sich hinausweist: »Was er euch sagt, das tut« (Joh 2,5).
Weil Maria in dieser Uneigennützigkeit ihren Glauben an Gott lebt, ist sie Mutter der Glaubenden, Mutter der Kirche, ist sie Mutter der Menschen. Denn an Maria erfüllte sich, was Gott unseren Vätern, Abraham und seinen Nachkommen auf ewig verheißen hat. Sie gebiert Jesus, den Sohn Gottes, der der Weg, die Wahrheit und das Leben ist. »Ich bin der Weg und die Wahrheit und das Leben; niemand kommt zum Vater außer durch mich. Wenn ihr mich erkannt habt, werdet ihr auch meinen Vater erkennen. (...) Amen, amen, ich sage euch: Wer an mich glaubt, wird die Werke, die ich vollbringe, auch vollbringen, und er wird noch größere vollbringen« (Joh 14,6.7.12). Jesu Werke sind Werke der Liebe. »Ein neues Gebot gebe ich euch: Liebt einander! Wie ich euch geliebt habe, so sollt auch ihr einander lieben. Daran werden alle erkennen, daß ihr meine Jünger seid: wenn ihr einander liebt« (Joh 13,34 f.).

GEBET ZU MARIA (GL 783,8.)

SEGENSGEBET

Lasset uns beten: Lieber Gott, Vater im Himmel, Maria ist uns Beispiel für den Glauben. Sie wußte sich getragen und bewahrt in deiner Liebe. Sie lebte liebend die Hoffnung auf deine Liebe. Laß auch uns, die wir oft in den Anfängen der Liebe den Weg und Erfolg der Liebe zu berechnen suchen, lieben um der Liebe willen. Laß auch uns Liebe zum Grund und Ziel unseres Lebens werden, damit wir erkennen, was die Liebe deines Sohnes uns verheißen hat. Darin bestärke und dazu segne uns der allmächtige Gott, der Vater und der Sohn und der Heilige Geist. Amen.

SCHLUSSLIED (GL 594)